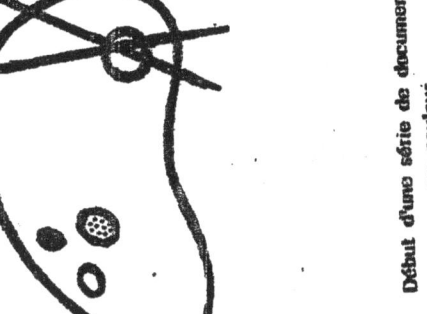
Début d'une série de documents en couleur

Couverture inférieure manquante

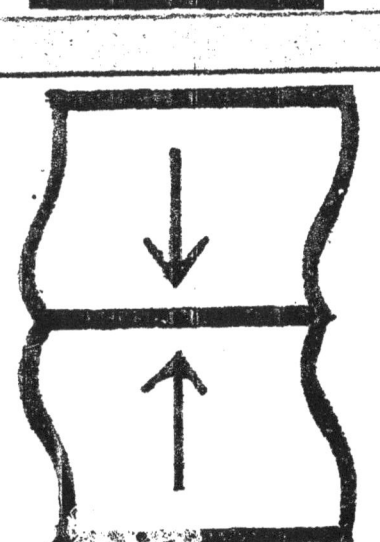
RELIURE SERREE
Absence de marges intérieures

VALABLE POUR TOUT OU PARTIE DU DOCUMENT REPRODUIT.

AU PAYS
Du Rire

PARIS
A LA LIBRAIRIE ILLUSTRÉE
7, RUE DU CROISSANT, 7

Tous droits réservés

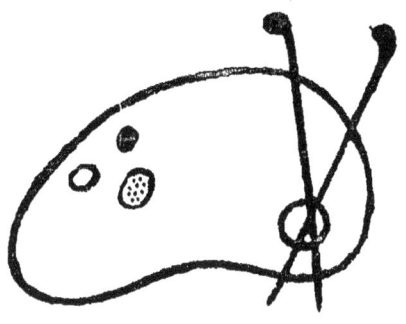

Fin d'une série de documents
en couleur

AU PAYS
DU RIRE

DU MÊME AUTEUR

Joyeusetés galantes, 1 vol.
Contes incongrus, 1 vol.
Gauloiseries nouvelles, 1 vol.
Les cas difficiles, 1 vol.
Le livre des joyeusetés, 1 vol.
Le dessus du panier, 1 vol.
Au pays des souvenirs, 1 vol.

ÉMILE COLIN — IMPRIMERIE DE LAGNY

ARMAND SILVESTRE

AU PAYS DU RIRE

PARIS
A LA LIBRAIRIE ILLUSTREE
7, RUE DU CROISSANT, 7

Tous droits réservés.

ASCENSION

ASCENSION

I

— Et vous êtes sûr, Bourgelat, que c'est dans le derrière des lapins que votre éminent professeur Lerablé-Dupétard, élève lui-même du fameux Lenflé-Dufessier, enfonçait ses thermomètres ?
— Certainement, monsieur Laripète, et c'est toujours ainsi que nous procédons postérieurement quand nous voulons étudier les variations de tem-

pérature que subit l'organisme de cet animal, durant les mistoufles anatomiques et farces chirurgicales ou toxiques que nous lui prodiguons, dans les laboratoires, pour lui apprendre à être plus amoureux que nous.

— Et si le thermomètre vient à se briser ?

— Le lapin subit une torture nouvelle et imprévue ; il crève d'une hémorragie interne et nous passons à un autre.

— Ne pourrait-on envelopper le thermomètre d'un tissu très flexible et très léger, assez solide pour maintenir les éclats du verre en cas de bris de l'instrument et protéger ainsi les entrailles du patient ?

— C'est ce que la Société protectrice des animaux réclame depuis dix ans à grand renfort de mémoires. Elle propose une sorte de gaine en mailles de soie très serrées et recouvertes de caoutchouc. Mais faut-il se donner tant de peine pour de simples lapins.

— Je prévois le cas, répondit solennellement Laripète, où l'on opérerait sur l'homme.

Le jeune vétérinaire le regarda, avec un point d'interrogation dans l'œil.

— Écoutez, Bourgelat, s'écria le commandant, depuis qu'en donnant un lavement à mon cheval vous m'avez inspiré l'amour sacré de la science, vous savez si je me suis consacré tout entier à cette dernière et sublime maîtresse qui ne trompe pas. Vous avez bien voulu applaudir à mes travaux sur le microbe de l'Amour. Je dirige maintenant mes recherches d'un autre côté, et je suis très anxieux de savoir si la température du corps humain monte ou descend quand nous nous élevons nous-mêmes dans l'espace. Je n'ai malheureusement pas de ballon à ma disposition, mais nous sommes ici dans un pays de montagnes, parmi ces nobles Pyrénées dont Louis XIV a vainement nié l'existence. Nous pourrions gravir ensemble le plus haut de ces pics, et en me plantant, où vous avez dit, un thermomètre préparé, comme je l'ai dit moi-même, à diverses stations marquant des altitudes progressives et graduées, découvrir une loi qui me ferait honneur dans l'histoire de la physique française.

— Il n'y aurait rien de plus simple, répondit Bourgelat.

— Je vais donc faire préparer incontinent un appareil inoffensif et nous ferons cette belle promenade ensemble, dès qu'il sera cuirassé de soie. La commandante, qui excelle aux plus fins ouvrages du crochet, sera notre collaboratrice.

— Certainement, mon ami, fit madame Laripète, mais à la condition que je serai aussi du voyage. Car vous savez que j'adore les excursions en plein air.

Les deux hommes firent la grimace.

— Ce sera bien fatigant pour toi, fit affectueusement son mari.

— Tu me loueras un âne ou un mulet, mon cœur, répliqua l'excellente dame.

Il n'y avait plus à résister, Laripète eût beaucoup mieux aimé que sa femme demeurât à la maison pour la tranquillité de son expérience. Quant à Bourgelat, il trouvait décidément la commandante un peu caressante pour une femme dans un état aussi avancé de maturité.

Mais il fallut se soumettre.

II

Le départ eut lieu par une matinée admirable. Chaque mont portait un blanc panache de nuées comme un paladin qui s'élance au combat. Les collines fuyaient avec un moutonnement de croupes sous un échevèlement de crinières, et le soleil levant mettait des cuirasses d'or aux flancs des pics pareils à des guerriers enfermés dans la rigidité de leur armure. Madame Laripète montait une bourrique dont le mélancolique balancement d'oreilles semblait dire : » Sapristi ! j'en ai rarement porté un aussi large et aussi lourd. » Laripète, lui, était affublé comme Tartarin lui-même, ayant à la ceinture une cartouchière pleine de thermomètres, un baromètre en bandoulière, et, dans un sac attaché à ses épaules, une provision de petits appareils de précision ; aéromètres, anémomètres, densimètres, foutimètres, etc., etc. Il semblait un cabinet de physique ambulant, et sa casquette même avait la forme d'un dôme comme ceux des amphithéâtres sorbonniens. Bourgelat, lui, que cette promenade embêtait beaucoup, avait simplement mis des guêtres de cuir contre les serpents et ne portait qu'une badine de coudrier comme les militaires en coupent dans les bois. On fit, avant de commencer les expériences, une halte sous un grand bouquet de troènes dont le feuillage, imprégné d'une odeur pénétrante et comme vivante, était plein du bourdonnement vague de magnifiques mouches vertes. La commandante buvait à petites gorgées un verre de cordial; Laripète mettait le précieux thermomètre dans sa première gaine; Bourgelat bâillait à se dévisser la mâchoire. Tout à coup, en fermant la bouche, il poussa un cri. Une cuisson très vive lui avait passé dans gorge et un frisson douloureux, un indescriptible chatouillement lui descendait dans l'œsophage.

Le malheureux avait avalé une cantharide!

A quelque chose malheur est bon. Sa mauvaise humeur se dissipa comme par enchantement. Il tourna vers la commandante des regards imprégnés d'une douceur infinie et d'une ineffable tendresse. Que se passait-il en lui? Mais soudain elle s'était transfigurée, celle dont il avait fui sottement les bonnes volontés. Elle était redevenue belle comme autrefois, attirante comme aux jours des beaux cocuages d'antan, quand le képi de Laripète ne pouvait plus descendre jusqu'à son front. Qui dira le secret de ces métamorphoses? Mais il se sentait devenir amoureux fou de cette femme dont il avait, à fort peu près, dédaigné les faveurs. Elle était comme enveloppée d'une apothéose :

— Mon cher commandant, fit-il d'un air enjoué, voulez-vous que je prenne la bride de l'âne et que j'accompagne madame Laripète par le chemin le moins ardu, tandis que vous gravirez les cimes? Vous savez qu'on parvient aux trois relais que nous avons déterminés à l'avance par deux chemins différents. Vous prendrez l'un et nous l'autre, et nous nous rejoindrons à ces rendez-vous. Ainsi, le côté un peu délicat de votre expérience ne troublera aucune pudeur, et vous la pourrez mener à bien dans le mystère qui convient aux grandes recherches scientifiques.

— Bravo! Bourgelat, répondit Laripète, enchanté de se débarrasser de sa femme.

Et on se sépara pour se retrouver aux points convenus, Bourgelat caressant de la pointe de sa baguette de coudrier la croupe pelée de la bourrique et contemplant celle qui la surmontait avec des extases dans les yeux.

III

Le spectacle était vraiment magnifique. La vallée se déroulait maintenant, là bien nette et dans un grand ensoleillement, ici noyée d'une ombre flottante par le passage d'un nuage, avec l'Ariège au fond, fil d'argent s'échevelant çà et là et se rompant aux brisures des rochers. L'air plus frais était tout plein d'aromes sauvages; l'âme des menthes, des thyms et des verveines y passait avec le vol des papillons, volants vivants que se renvoyaient les marguerites ouvertes comme de blanches raquettes.

— Que vous êtes belle, Olympe! mumura Bourgelat qui avait des accents d'idylle dans la voix.

La commandante, sans répondre, se pencha doucement en arrière de façon que le jeune vétérinaire n'eut à faire qu'un très petit mouvement pour lui entourer la taille; de là à laisser glisser doucement sa tête sur l'épaule de Bourgelat, madame Laripète ne prit même pas le temps de la réflexion. La bourrique que le coudrier laissait tranquille, ralentit son pas. Ils allèrent ainsi tout doucement et silencieux, goûtant cette douceur d'un demi-enlacement qui en appelle d'autres, recueillis dévotement dans ces préliminaire de tendresse, savourant des joies méditées et certainement prochaines. Et ils allèrent ainsi longtemps, délicieusement emparessés par le même rêve et pareils à des dormeurs qui ne se veulent pas réveiller, parce que leur songe est trop doux. Comme il buvait ce parfum de femme alanguie et surexcité par les moiteurs d'un après-midi d'été! En se détournant à peine, la commandante faisait passer son souffle sur son visage et c'était comme une délicieuse fraîcheur qui lui venait du Paradis. Dieu vous protège, sages amants qui venez aimer dans les vivifiantes délices de la nature, parmi les êtres épris et les choses enamourées, dans l'haleine des fleurs et sous la chanson des oiseaux! C'est un baiser qui sonne sur leurs lèvres soudain mêlées. Sans même les voir, Laripète apparaît triomphant, son thermomètre à la main.

— Sur les cent-vingt premiers mètres, j'ai perdu un vingt-cinquième de degré! On était au premier relai

IV

On s'était remis en chemin pour atteindre le second. Vous savez combien le temps est variable dans les sites pyrénéens et comme l'orage y trouble aisément et rapidement les sérénités du ciel. Un vrai troupeau de nuées d'abord moutonnantes et blanches était venu brouter, du bout de sa langue de vapeurs, le flanc de la montagne, puis s'y était comme accroché, s'emplissant d'ombres violettes et menaçantes. Un souffle très dur, comme l'haleine de bêtes en colère, s'en dégageait, et un mugissement sourd passait dans le vent. Tout présageait une averse traversée de tonnerre et d'éclairs. Mais, est-ce que les amoureux s'occupent de ces choses ? Bourgelat et madame Laripète n'en trouvaient qu'une douceur plus grande à se serrer l'un contre l'autre, savourant la terreur vague et délicieuse qui les rapprochait :

— Ah ! prenez pitié de moi, madame! murmurait le jeune vétérinaire.

Alors, c'est elle dont la bouche cherchait la sienne et ils étaient vraiment les deux êtres les plus heureux qui fussent sous ce firmament plein de grondements et de trombes suspendues.

Ce ne fut que longtemps après que l'orage éclata enfin et qu'il leur fallut bien chercher un asile. Une grotte était là justement largement ouverte dans le roc, avec un seuil poudré de sable fin où les pieds entraient doucement. Ils s'y réfugièrent, sans se quitter un instant. La commandante sauta de son âne dans les bras de Bourgelat, qui ne se rouvrirent plus. Il la porta sur une façon de banc naturel creusé dans le granit... Turlututu, je ne me charge pas de vous conter le reste.

— Sur les cent vingt seconds mètres, je n'en ai

perdu que vingt-deux ! s'écria Laripète en arrivant mouillé comme un chat. Car on était au second relai.

Mais, cette fois-là, il vit et il se passa un phénomène extraordinaire. Une contraction de colère se fit dans tout son corps; un spasme d'aspiration bouleversa tout son être; en même temps qu'il avalait le cigare qu'il avait aux lèvres, il avalait aussi, de l'autre côté, le thermomètre qu'il avait remis en place dans son poste d'observation pour l'expérience du troisième relai. Imaginez un malade qui reniflerait une canule par la narine où on a coutume de les planter. Ouf! le thermomètre avait diparu tout entier. L'émotion peut produire de ces choses-là.

V

Effet vraiment curieux de cette ingurgitation involontaire et postérieure! Tout à coup le visage de Laripète se rasséréna et un bon sourire lui vint aux lèvres, un sourire de pochard bienveillant. Parbleu! Dans l'effort qu'il avait fait spontanément pour l'expulser le thermomètre s'était brisé, sans le blesser, d'ailleurs, grâce à son fourreau de soie; mais l'alcool qu'il contenait avait traversé les mailles et, s'étant répandu dans l'organisme de Laripète, lui remontait au cerveau par de mystérieux chemins. Il était gris, énormément gris, très gaiement gris. Pendant ce temps Bourgelat, toujours travaillé par la mouche qu'il avait avalée était amoureux, énormément amoureux, très gaiement amoureux ; et la bourrique, qui avait mangé beaucoup d'anis sauvage en chemin, roussinait, roussinait énormément, roussinait très gaiement et faisait une musique du diable. Quant à la commandante, elle jubilait, jubilait énormément, jubilait très gaiement de voir que les choses avaient pris un si bon tour. Ils redescendirent la montagne, après l'orage, en chantant tous quatre. Car la bourrique, lasse de roussiner, s'était décidée à braire et jamais tout le monde ne fut aussi content que ce jour-là.

SECRET DE FAMILLE

SECRET DE FAMILLE

I

Une légende à la fois ingénieuse, philosophique et pittoresque, qui me fut contée au revers du Dauphiné, dans un voyage que j'y fis autrefois, et qui a pour décor tout naturel le paysage montueux, accidenté, plein de neige, de sapins et de soleil de la Suisse apparaissant de là comme un moutonnement infini de nuages blancs. Une légende ancienne déjà, s'il en faut croire le paysan qui me l'apprit et qui me dit la tenir de son père, lequel l'avait entendue de la bouche du sien. Et ils vivent fort vieux, comme vous le savez, ces vieux mâtins de montagnards qui sont le désespoir des héritiers.

Donc il y a trois siècles au moins, quatre peut-être vivait au pays des Quatre-Cantons un homme fort savant qui avait appris autrefois la médecine à Montpellier et se livrait aux plus intéressants travaux d'alchimie. Hans Schoutens, — ainsi s'appelait-il, — ne cherchait pas la pierre philosophale, mais il se préoccupait véhémentement de soulager l'humanité par mille remèdes nouveaux sans préjudice du bénéfice personnel qu'il comptait bien tirer de ses inventions. C'est ainsi qu'après vingt ans de travaux, il était arrivé à la confection d'une pilule vraiment merveilleuse et magique qu'il nomma immédiatement « la pilule perpétuelle » pour consacrer son étonnante propriété. Inaltérable, indélébile, inattaquable aux sucs intestinaux, elle était purgative et éternellement purgative. On ne la livrait pas à l'économie digestive, on la lui prêtait seulement et celle-ci la restituait intacte et prête à un nouvel usage. Si vous ajoutez que, contrairement à ses pareilles, elle ne donnait aucune colique et amenait sans effort les plus aimables soulagements, vous penserez comme moi que cet Hans Schoutens avait fait une magnifique découverte et tout à fait propre (ne riez pas) à enrichir sa race. Maître de ce trésor, il résolut d'oublier lui-même le mystère de son enfantement afin que nul ne connût jamais son secret et qu'il n'existât jamais qu'un seul exemplaire de sa « pilule perpétuelle », le sien. De fait, il fit immédiatement une fortune considérable en la louant à tous les gens du pays, mais non sans prendre vis-à-vis d'eux une foule de précautions nécessaires. C'est chez lui même seulement qu'ils devaient opérer dans un local surveillé dont aucun ne pouvait sortir sans avoir restitué le dépôt libérateur de ses entrailles. Ce fut bientôt une procession chez l'ingénieux apothicaire. La pilule ne chômait pas un seul instant. On vint même des provinces voisines, et de grands personnages se firent inscrire à l'avance pour en essayer, eux-mêmes, les bienfaits. Hans mourut colossalement riche après avoir fait un testament par lequel ladite « pilule perpétuelle » appartiendrait toujours au chef de sa maison, à l'aîné de ses descendants. Et les choses se passèrent, comme il l'avait ordonné, pendant un nombre considérable d'années. Sa modeste demeure était devenue un magnifique établissement médical, une façon de Casino avant les Casinos. Abraham lui-même n'avait pas été mieux béni dans sa postérité.

II

Cet état calme et rationnel de choses fut véhémentement troublé vers 1743. Un Schoutens mourut laissant deux enfants jumeaux, deux fils dont on avait oublié d'enregistrer, comme cela se fait aujourd'hui, l'ordre d'écrou au bagne de l'humanité. Qui des deux, de Guillaume ou de Rodolphe, était vraiment l'aîné? Chacun d'eux le prétendait être. La « pilule perpétuelle » était d'ailleurs, par essence, une propriété indivisible, puisque rien ne prouvait qu'en la coupant en deux, on conserverait à chaque moitié les propriétés du tout. Le jugement sommaire de Salomon lui-même n'était donc pas applicable ici. La lutte fut terrible entre les deux frères, devant le prétoire. A mon avis la justice du pays rendit un arrêt plein de sagesse en décidant que la « pilule perpétuelle » serait remise dans la maison communale, confiée aux autorités citadines et municipales qui auraient elles-mêmes à en surveiller l'emploi, et à remettre les produits aux deux frères, déduction faite d'une remise pour frais de versement. C'était une idée équitable assurément et qui assurait à la petite ville un modeste revenu. Pourquoi ne suivrions-nous pas cet exemple, au moment où tous les budgets locaux sont si rudement obérés, et les citoyens ne seraient-ils pas forcés à se venir purger à la mairie moyennant une taxe de rétribution ? Cette adjudication des délivrances abdominales serait une forme d'impôt essentiellement démocratique et égalitaire. Je livre mon idée pour ce qu'elle vaut. J'en ai entendu défendre à la Chambre de plus mauvaises. On ne dira pas, du moins, de celle-ci qu'elle est dénuée de fondement.

Ainsi, le grand inventeur Hans Schoutens avait non seulement assuré la prospérité de sa dynastie, mais enrichi aussi sa municipalité. Que cela soit un encouragement aux pharmaciens investigateurs qui, n'ayant plus aujourd'hui l'œil fixé sur le même point qu'au temps de Molière, se peuvent abandonner à toutes les fantaisies de la science et de l'imagination !

Quand Guillaume mourut —, car ce fut lui qui se décida le premier à renoncer à son droit d'aînesse, la « pilule perpétuelle » fut rapportée en grande pompe dans la maison de Rodolphe, devenu le chef incontesté de la famille. Les orphéons n'existaient pas encore ; mais le *Ranz des vaches* fut exécuté avec une solennité toute particulière durant le défilé des plus belles filles du pays.

Rodolphe s'éteignit à son tour, léguant le trésor familial et purgatif à son fils Walter, qui était un gaillard fort rusé comme vous l'allez voir.

III

Ah ! c'est ici que l'amour entre en cause, l'amour dont le propre est de bouleverser toutes choses ici-bas et de renverser des théories sur son chemin. Walter avait un fils nommé Jac....s, futur héritier de la « pilule perpétuelle » et qui s'éprit furieusement de la belle Matilde Curoz, fille d'un voisin assez opulent lui-même. Mademoiselle Matilde justifiait d'ailleurs l'engouement de ce jeune homme. Ses cheveux étaient blonds comme une coulée de miel ; ses yeux bleus et clairs comme des gouttes d'eau de source par un jour de printemps ; ses lèvres ressemblaient à des fraises et son teint à une envolée de roses pâles. Elle était dodue avec cela, la coquine, et semblait porter, sous son corsage de velours, les deux solides moitiés de la pomme paradisiaque qui causa la perdition du genre humain. Si notre race eût pu être perdue une seconde fois par un melon, on en aurait trouvé les deux moitiés sous ses jupes. Or, vous savez que les fruits du Paradis étaient notablement plus gros que ceux de nos terrestres jardins. Jacques étaitf ou de cette abondante et souriante créature, dont les petites dents avaient les blancheurs vivantes du lait non écrémé. Mathilde était une bonne personne et un peu bébête ; mais son père, Mathieu Curoz, était un malin, presque aussi malin que Walter Schoutens lui-même. Ledit Curoz, voyant Jacques tout à fait endiablé de sa fille, inspira à celle-ci une idée qu'elle n'aurait jamais eue elle-même, celle de demander à son fiancé (nous sommes entre honnêtes gens) la fameuse « pilule perpétuelle » comme gage de son amour. Jacques sauta en l'air tout d'abord. Eh bien ! et son père ! qu'est-ce qu'il dirait de ça ? Mathilde fut affreusement câline et insinuante. Certes il ne fallait pas la demander, mais on pouvait peut-être la chiper. Comment Jacques s'habitua-t-il à la pensée de de ce crime abominable, de ce vol sacrilège ? Ah ! que ceux-là s'en étonnent qui ne savent pas vers que les folies coupables nous peut entraîner l'amour ! Une nuit, Jacques se glissa traîtreusement dans le sanctuaire, comme un mauvais prêtre qui va profaner des hosties, et, dans le reliquaire dont il possédait le secret, il déroba l'auguste boulette émolliente et la déposa comme une perle, entre les doigts rosés de sa bien-aimée. Cette mauvaise action lui valut un baiser qui le délivra de tout remords.

IV

Walter Schoutens ne semblait s'être aperçu de rien. Il continuait à recevoir des clients et à leur donner de mystérieuses consultations. Avec quoi les leurrait-il? Jacques n'osait se le demander. Mathilde, s'étant trouvé l'estomac un peu embarrassé après un abus de laitage, voulut faire usage du talisman que son amant avait ravi pour elle. Elle prit la « pilule perpétuelle, » mais à son grand étonnement elle n'en éprouva aucun effet. Tout au contraire, on eût dit qu'elle avait fermé la porte qu'elle avait eu l'intention d'ouvrir. Un jour — rien! Deux jours, — rien! Trois jours, quatre jours, cinq jours! Jacques était aux cent coups! Impossible de remettre la main sur la « pilule perpétuelle ». Voyez-vous un filou qui, croyant avoir pris une pince-monseigneur apporte un cadenas! C'était à devenir fou! Et comme c'était simple, cependant! Le rusé Walter, redoutant toujours un larcin, avait caché ailleurs la vraie et authentique « pilule perpétuelle », et comme il était fort méchant il avait mis à la place, dans le reliquaire que Jacques avait violé, une pilule si affreusement astringente et constipatoire qu'elle eût rendu des points aux plus hermétiques bouchages à l'émeri. Le sixième jour, Mathilde enfla; le septième, elle ressemblait à un ballon; elle éclata le huitième. Jacques n'eut pas le courage de lui survivre. Deux familles furent en deuil, mais la « pilule perpétuelle » était sauvée et l'héritage du grand Hans Schoutens est encore aux mains de ses héritiers.

LA MARION

LA MARION

I

La nommerai-je, la ville de l'Est où se passa l'aventure que je vais vous conter ? Ma foi, non ! La chose étant de tout point véridique et, si nous songeons à la suite des temps, récente, je ne gagnerais à être indiscret que de soulever quelque susceptibilité légitime et rancunière. Sachez seulement que la cité avait fait vaillamment son devoir, durant la dernière guerre, et que ce fut une des dernières qu'occupa l'ennemi, quand un lambeau de notre territoire servait encore de gage à notre coûteuse rançon. Enfin le milliard suprême était versé aux mains du vainqueur ! Un soupir de soulagement montait de toutes les poitrines. On avait suivi d'un hurrah de délivrance le régiment poméranien à peine visible déjà dans la poussière empuantie que soulevait le rythme de ses lourdes bottes. Ils étaient partis, les odieux garnisaires, ne laissant derrière eux qu'une odeur obstinée de beurre rance, et les pièces d'horlogerie trop massives pour être commodément emportées. Tara ta ta ! tara ta ta ! Saluez la joyeuse clameur des trompettes. C'est un escadron de cuirassiers français qui revient prendre possession de la caserne et y planter le drapeau tricolore, dans les plis duquel flotte l'héroïque légende de Reischshoffen. De beaux gaillards, tous jeunes, — car les anciens sont tombés sous la mitraille lointaine, — mal montés sur de grands chevaux efflanqués, mais superbes cependant, avec l'air martial de lurons qui sauront faire ce qu'ont fait leurs aînés : mourir, sinon vaincre ! La population tout entière est venue au-devant d'eux, bourgeois et ouvriers, hommes et femmes, tout ce qui sent au cœur l'ineffable joie du pays recouvré, et les petits enfants sont grisés par la voix du cuivre et dodelinent de la tête en marquant le pas derrière les clairons. Les cavaliers descendent ; on s'embrasse, et le vin circule, et les lèvres se suivent sur les verres sans dégoût. On trinque, on porte la santé de la Patrie, et des larmes montent aux yeux quand la *Marseillaise* s'exhale de toutes les bouches, non pas sinistre comme aux heures de la Révolution, mais triomphante et enflammée comme aux jours de bataille.

— Ce jour est le plus beau jour de ma vie ! dit le maire au commandant, en l'étreignant dans ses bras.

Et le brave homme le pensait. Les autres le pensaient comme lui et tous avaient raison de le penser.

II

Six mois après environ, vous auriez pu rencontrer trois hommes mélancoliques et devisant à voix basse comme des conspirateurs, sur une des promenades solitaires de la ville que je m'obstine à ne pas vous désigner plus clairement. M. le maire, — appelons-le Gervais, — l'adjoint Lapoupine et le notaire Tripet, autant dire les trois plus fortes têtes du pays, s'entretenaient avec animation et mystère tout à la fois, comme on en pouvait juger par la vivacité de leur mimique. Nous qui les pouvons suivre, avec les oiseaux, sous le frémissement des feuillages, écoutons-les un instant :

— Ces cuirassiers sont charmants, disait l'adjoint Lapoupine, mais la vie est intolérable aux maris si nous n'obtenons pas leur changement.

— Y pensez-vous ! objecta le notaire Tripet. Mais on se moquerait de nous au ministère de la guerre si nous faisions une telle démarche.

— Nous ne pouvons cependant pas nous laisser tranquillement faire... continua l'adjoint. Nos femmes ne peuvent plus sortir le soir sans qu'on leur prenne un tas de choses... Je sais bien que ce sont nos compatriotes et nos libérateurs, mais enfin !

— Les pauvres diables ont si longtemps jeuné ! fit le notaire qui était décidément un résigné.

— Voilà qui m'est bien égal et ce m'est une belle raison pour me laisser planter des cornes ! En vérité, Tripet, vous êtes trop bon enfant. Et leurs officiers qui se mettent de la partie au lieu de les maintenir ! Au moins, les Prussiens...

— Taisez-vous, monsieur, interrompit vivement M. le maire.

Puis il ajouta d'un ton douloureux :

— Il est vrai que leurs officiers ne sont guère raisonnables. Tenez ! le commandant qui m'a si chaleureusement embrassé le jour de leur arrivée, le commandant Bois-Guibert, je crois qu'il reluque ma femme. Je voudrais me tromper.

— N'en prenez donc pas la peine. Il s'en chargera ! dit Tripet.

— Oh ! madame la mairesse est au-dessus... reprit l'adjoint qui voulait rentrer en grâce.

— M. Bois-Guibert est un homme séduisant, poursuivit M. Gervais, il a trente-cinq ans et est officier de la Légion d'honneur, comme un peintre. Et cependant ce n'est pas de l'huile, mais du simple sang, le sien, qu'il a répandu pour son pays. C'est un héros et j'excuserais presque ma femme d'être secrètement flattée des hommages d'un pareil homme.

— Mais certainement, dit Tripet, à qui le cocuage semblait, par habitude, un état tout naturel.

— Il faut en finir cependant avec cet état de choses scandaleux ! reprit vivement l'adjoint Lapoupine.

— Rentrons donc à la mairie ; j'ai mon idée ! dit M. Gervais.

Et les trois membres de ce concile *œcocuménique* hâtèrent le pas en se dirigeant vers la maison de ville, durant que les petits oiseaux qui comprennent bien mieux notre langage que nous n'entendons le leur, emplissaient de piaillements moqueurs le silence parfumé des ramées printanières.

III

Le lendemain, dès l'aube, les habitants de la cité que vous continuez à ignorer pouvaient lire sur tous les murs l'avis suivant, imprimé en gros caractères, et précédé de toutes les rocamboles officielles qui donnent aux écrits de cette sorte l'autorité administrative et le sceau de l'authenticité :

Nous, maire de la ville de .... etc.

ARTICLE 1ᵉʳ

Invitons les femmes honnêtes à ne plus sortir de chez elles après huit heures du soir.

ARTICLE 2ᵉ

Néanmoins, celles qui y seraient forcées par quelque devoir de société ou de famille devront porter un falot allumé.

ARTICLE 3ᵉ

Nous prévenons celles qui se dispenseraient de ce soin qu'elles ne seraient plus recevables à se plaindre à l'autorité des agissements de messieurs les cuirassiers.

Signé : GERVAIS.

A peine le commandant Bois-Guibert eut-il connaissance de ce document qu'après en avoir conféré avec ses officiers, il fit lui-même placarder sur tous les murs intérieurs de la caserne un règlement dans lequel les officiers, sous-officiers et soldats étaient prévenus que quiconque d'entre eux oserait porter la main sur une dame munie d'une de ces lanternes ou simplement lui adresser quelque parole inconvenante, serait puni avec la dernière sévérité.

— Nous nous contenterons des autres, fit le capitaine Mourlèche qui était un philosophe dans le genre de Tripet. Car Dieu merci ! la vie militaire, aussi bien que la civile possède des échantillons de ce modèle bon-enfant, toujours satisfait et que rien n'étonne des fâcheuses vicissitudes d'ici-bas.

Comme vous le voyez, d'ailleurs, le commandant Bois-Guibert n'était pas seulement un militaire brave et instruit; c'était aussi un homme de bonne compagnie, conciliant, imbu des immortels principes et n'entendant pas que nos soldats d'aujourd'hui prissent les façons des lansquenets d'autrefois, lesquels traitaient les bourgeois comme ennemis vaincus et se comportaient, en tous lieux, comme en villes conquises. Et son mérite était d'autant plus grand dans l'espèce, que comme l'avait fort bien deviné ce dignitaire municipal de Gervais, Bois-Guibert était positivement amoureux de madame la Mairesse (Estelle dans l'intimité) et avait quelques raisons de ne pas désespérer de l'aventure. Car il n'était pas sans avoir remarqué que la dame se retournait volontiers quand il la suivait et qu'aucune moue de colère ne plissait vilainement ni ses yeux, ni sa bouche. Mais adieu les promenades du soir ! Madame Gervais ne sortirait plus seule à la brune ou ne sortirait que le fatal falot à la main ! Or, il ne pouvait donner le mauvais exemple et risquer un châtiment que lui-même avait édicté. C'était donc son propre bonheur qu'il venait d'immoler sur l'autel de la paix publique, de la morale et de la discipline, en supposant que ces trois divinités raisonnables n'aient qu'un autel à elles trois. Comme il était fort mélancolique de cet acte d'abnégation :

— Que dirai-je donc, moi ! lui dit avec une douceur infinie, le capitaine Mourlèche. Je parie que, dans l'espoir de passer pour d'honnêtes femmes, un tas de catins ne vont plus sortir qu'avec un feu de Bengale sur la cuisse.

Et tous deux allèrent prendre le vermouth, bras dessus bras dessous, comme font toujours les bons officiers quand ils ont de l'embêtement.

IV

— Mon ami, j'ai absolument promis à ma tante Célestine d'aller prendre une tasse de thé chez elle.

— Vous avez eu tort, Estelle; car vous saviez fort bien que, le comité d'anthropométrie comparée dont je suis président, se réunissant à neuf heures, je ne pourrais vous accompagner.

— Je n'y ai pas réfléchi, mon chéri: mais nous

aurions tort de désobliger ma tante, au moment où sa goutte paraît assez disposée à lui remonter au cœur.

— Allez donc chez votre tante, mais rentrez le plus tôt possible et surtout n'oubliez pas le falot réglementaire. J'ai fait faire le vôtre à votre chiffre, afin de transformer cet utile objet en un petit meuble de luxe tout à fait galant. Vous allez l'étrenner, ma mie. N'oubliez pas de l'allumer, au moins, avant de sortir, et aussi de l'abriter contre les courants d'air trop vifs qui le pourraient éteindre.

— Soyez tranquille, monsieur Gervais.

Une heure plus tard et la nuit tombant déjà, madame la Mairesse cheminait, pareille à une grosse perdrix grise sous sa mante, et tenant en main la lanterne instituée par son époux. Un hasard vraiment ingénieux et perfide fit que le commandant Bois-Guibert sortait précisément de sa pension. Vous ai-je dit qu'Estelle professait, au fond du cœur, les meilleurs sentiments et les plus encourageants à l'endroit du vaillant officier? Non. Mais vous seriez les derniers des serins si vous ne l'aviez deviné. Il se mit à marcher mélancoliquement à quelques pas derrière elle, si bien qu'elle pouvait entendre les soupirs qu'il exhalait tout parfumés de chartreuse. Le capitaine Mourlèche rôdait à distance. Il avait rendez-vous, un rendez-vous vague avec une drôlesse, nommée la Marion. En voilà un qui se moquait pas mal des femmes du monde ? Cependant le commandant Bois-Guibert, d'une voix très émue, se mit à murmurer dans le dos de la belle Mairesse une romance d'amour. Estelle avait cela de bon c'est qu'elle n'avait jamais pu résister au pouvoir divinement corrupteur de la musique. Haletante, mourante, elle avait à peine la force de se soutenir, Que faire ? Et la maudite lanterne ! Pourtant elle se sentait vaincue. La Marion venait en sens inverse, fumant une cigarette comme un troupier... au moment où elle la croisa de près...

— Mademoiselle, lui dit-elle d'une voix défaillante, voilà un louis pour vous. Mais gardez-moi un instant çà.

Et elle lui fourrait le falot entre les doigts.

La Marion le prit et s'éloigna en riant.

— Merci ! Merci, murmura le commandant à l'oreille de sa bien-aimée.

Le diable m'emporte si la tante Célestine, bien que la goutte lui châtouillât déjà les oreillettes et lui taquinât les ventricules, vit sa nièce Estelle, ce soir-là !

V

Cinq minutes après on aurait pu entendre le capitaine Mourlèche crier dans ses moustaches :

— Nom de nom ! Je l'avais bien dit que les plus coquines brûleraient de la bougie pour se faire prendre pour des saintes !

— Laisse donc, lui répondit doucement la Marion à qui s'adressait ce compliment. C'est une dame de la haute qui me l'a confiée pour s'en débarrasser. Je la lui rendrai tout à l'heure.

— En attendant, éteignons-la.

Et le brave Mourlèche fit la nuit dans la petite cage de verre. Après quoi...

Après quoi, je commence à regretter de m'être embarqué dans ce scabreux récit. En voilà déjà deux qui.... que... deux couples dont je me refuse absolument à vous décrire les occupations.... subalternes et transitoires, comme disait le brigadier Frisepet de la troisième.

Allons donc plutôt faire un tour à ce bon comité d'anthropométrie comparée que préside le vertueux Gervais. Bon, pas de chance ! la séance est terminée ! Des remercîments unanimes ont été votés au docteur Cucuron pour son beau mémoire sur ce sujet tant controversé : « Un homme de taille ordinaire doit-il être considéré comme un grand nain ou comme un petit géant ? » Le docteur avait conclu à une justesse égale entre ces deux points de vue. Tous ses collègues l'avaient félicité de cette solution conciliante. Puis on s'était séparé. Où diable était allé M. Gervais ? Décidément je suis poursuivi par la déveine, et jamais je n'arriverai à vous raconter une histoire parfaitement honnête. Faut-il vous la dire ? Eh ! oui. M. Gervais, échauffé par deux heures de fauteuil en moleskine, excité par les propos aphrodisiaques du docteur Cucuron, M. Gervais était allé courir le guilledou. La fatalité voulut qu'il rencontrât la Marion au moment où elle quittait le capitaine Mourlèche. Une demoiselle sans falot ! allons-y gaiement ! Et monsieur le maire commença sa cour à la hussarde, j'entends en pinçant la taille. La Marion était une

[...]lle capricieuse qui n'aimait que la culotte rouge. De plus, elle était pressée, songeant qu'il fallait rendre à la dame sa lanterne pour qu'elle pût rentrer chez son mari. Elle eut une inspiration de fille mal élevée. Elle gifla le galant Gervais. Celui-ci, furieux, voulut l'appréhender... Pan! le falot toujours éteint tomba à terre. Alors une idée de vengeance traversa la cervelle du magistrat. — Une dame de la ville, pensait-il, qui a soufflé sa lanterne pour faire des farces avec les cuirassiers! Saisissons la pièce à conviction et à demain l'enquête! Elle paiera cher son soufflet.

Et plus prompt que l'éclair, malgré les efforts désespérés de Marion pour le devancer, puis pour empêcher son mouvement, il ramassa l'objet et rentra chez lui en courant

Il tomba anéanti sur une chaise et faillit s'évanouir en reconnaissant, à la lumière, le falot qu'il avait si coquettement orné du chiffre de madame Gervais.

— Que voulait dire cela?

Était-ce sa femme qui, pour le surprendre en bonne fortune, avait éteint la petite flamme et lui avait donné une correction?

VI

Il résolut de payer d'audace, tout en étant convaincu que seul il était dans son tort. O naïveté des maris infidèles! Pendant ce temps, madame Gervais, sans lanterne, au comble de l'angoisse, hésitait à rentrer et retardait le moment des explications. Il lui fallut bien cependant se résoudre à réintégrer le domicile conjugal.

— Comment va votre tante Célestine ? lui demanda monsieur le Maire d'un ton railleur.

— Plus mal ! beaucoup plus mal ! répondit sans hésiter madame Gervais.

Car si elle avait eu la bêtise de dire que sa tante allait mieux, le retard de sa rentrée ne s'expliquait plus.

— Où est votre falot, je vous prie ?

La pauvre femme ne trouva que ceci :

— Il s'était éteint et, dans l'obscurité, l'ayant laissé tomber, je n'ai pu pas su le retrouver.

Cette répartie, inepte en apparence, était tout simplement un trait de génie. Au reste, je soupçonne les traits de génie de ne s'être jamais faits autrement.

— Sauvé ! pensa monsieur Gervais. Ce n'est pas elle qui m'a giflé. L'autre était simplement une intrigante qui avait ramassé la lanterne perdue par ma femme.

Se sentant fort, il voulut faire le sévère.

— Et comment aviez-vous laissé éteindre votre lanterne, madame ?

—Mon ami, c'est un grand vent qui a soufflé tout à coup.

— Vous n'aviez donc pas l'œil dessus?

— Au contraire.

CAHIER (S) OU PAGE (S) INTERVERTI (S) A LA COUTURE RETABLI (S) A LA PRISE DE VUE.

DE LA PAGE 37
A LA PAGE 38

— Je vous avais dit de mettre, en pareil cas, le falot sous votre cotte.

Alors, rougissant jusqu'aux oreilles, madame Gervais répondit :

— Mais, mon chéri, c'est ce que j'avais fait.

MOT DE LA FIN

MOT DE LA FIN

I

Madame des Andelles, — Marguerite de son petit nom, — s'occupait très gravement, au fond d'une causeuse, à passer un fil de soie dans une des branches de son large éventail où des amours volaient parmi des papillons et dont l'étoffe s'était distendue comme font les ailes des oiseaux blessés.

— Est-ce que vous allez quelque part ce soir? lui demanda M. des Andelles, en laissant tomber un journal sur lequel il venait de s'assoupir.

— J'ai envie d'aller à l'Opéra-Comique, répondit-elle.

— Vous savez qu'on joue *Mignon*, que vous avez entendu cent fois.

— Je ne vous force pas à m'accompagner, mon ami. Madame des Arcis m'a offert une place dans sa loge.

— J'irai donc de mon côté au cercle et vous retrouverai ici.

— C'est parfait comme cela.

Et ayant achevé son petit travail réparateur, madame des Andelles posa l'éventail sur la table de laque où des narcisses à la prunelle jaune mouraient dans un vase de cristal. Son mari avait repris sa lecture d'un air assez indifférent. Ele se mit, elle, à rêver, les deux mains ramenées au-dessous du genou, dans une pose qui seyait merveilleusement à sa beauté. Une femme de vingt-cinq ans, de taille moyenne et plutôt grande, avec les attaches aristocratiques et un beau rebondissement de chair ferme partout où il convient. Blonde avec des yeux bleus ne manquant pas de candeur et une bouche dont le sourire était délicieusement mystérieux. La tête légèrement penchée sur une des épaules qu'elle ramenait en avant, l'arc des reins bien tendu et ce qui le suit noblement développé par son attitude même, elle était, vous dis-je, charmante dans la méditation où elle était tombée. Un de ses pieds seulement émergeait de ses jupes, nerveusement cambré et d'un dessin exquis dans la mule de satin bleu qui en couvrait le petit bout.

Un domestique annonça le dîner. Monsieur se leva sans en dire davantage, fit passer Madame devant lui et la suivit, le tout avec une correction parfaite. Une heure après, chacun montait en voiture de son côté.

II

Que penser de ce ménage ? Rien de mal assurément. On n'en pouvait citer aucun qui fût plus uni. Tous deux de mœurs douces et de caractère conciliant. Pendant que son véhicule l'emportait ailleurs qu'au cercle, Monsieur pensait : « Suis-je assez bête, au moins, de tromper ma femme qui le mérite si peu ! Et pour qui ? Pour une personne qui ne la vaut certainement ni par l'éducation ni par la figure, ni par le reste. Il faut que l'infidélité soit une bien délicieuse sauce pour faire avaler de pareils ragoûts. »

En tenant ce sage langage à soi-même, sage et flatteur pour sa femme, M. des Andelles parvint à destination d'assez mauvaise humeur contre celle qu'il allait voir. Eh bien, vraiment, il avait tort. Irma était un beau brin de fille et qui ne méritait pas ces dédaigneuses façons. Elevée à Montmartre, — c'est-à-dire fort loin des genoux de feu madame Campan — elle eût mal représenté l'héritière d'un grand nom. Mais elle avait le charme abondant et prodigue des demoiselles qui se sont données de bonne heure, plus un certain entrain qui ressemblait à l'esprit comme la piquette de Suresnes au vieux Bordeaux. Fruit aigre, pomme verte que sa beauté, mais pomme appétissante à tenter Adam le premier. Pourquoi son amant en était-il las ce soir-là et arrivait-il plein de méchantes pensées? Ces fluctuations sont fréquentes dans ces sortes de tendresses. Elle reçut M. des Andelles comme à l'ordinaire, sans avoir l'air de s'apercevoir de sa mauvaise grimace. Celui-ci était tout à la vertu et tout au respect du lien conjugal. Il se dit cependant qu'il serait encore davantage sans excuses d'être venu uniquement pour la conversation d'Irma. Cette sage remarque le poussa dans la faute accoutumée et il dut s'avouer qu'il n'avait jamais trouvé l'adultère meilleur que ce soir-là. Il n'en fut que plus furieux contre lui-même et se retira plus tôt que de coutume, en maugréant. C'était de la pure ingratitude et Irma méritait mieux certainement. Il était onze heures à peine.

III

M. des Andelles marcha. Il lui sembla que cela lui ferait du bien. Il n'avait pas tort. La marche est un exercice salutaire, après l'autre. Il pensait de plus que le double vacarme des vitres d'un fiacre troublerait sa méditation. Celle-ci inclinait de plus en plus à la perfection maritale et à une réparation

complète des torts passés. Il évoqua l'image de sa
femme dans l'élégante toilette où il l'avait vue
partir, une toilette rose légèrement ouverte à la
gorge, pudique et excitante à la fois et qui sentait
bien sa personne du vrai monde. L'honnêteté a son
parfum délicat et pénétrant qui grise. Il était décidément un animal de tromper cette dame parfaite
et qui lui avait de plus apporté une fort jolie dot. Un
homme d'honneur ne se vend pas assurément, mais
ce que les femmes de ce temps payent si cher dans
un mari, c'est sans doute la fidélité. Il ne faut tromper personne sur la qualité de la marchandise li-
vrée. M. des Andelles en arriva, dans sa conscience,
à se prendre pour un contrebandier et pour un faux-
monnayeur. Il se fit horreur à lui-même et se fût
donné des coups de pied en arrière, s'il n'eût craint
de se blesser avec le talon. Il énuméra mentalement
les vertus de sa légitime épouse et ne les trouva pas
moins nombreuses que les sables de la mer. Le respect austère du devoir les dominait toutes. Mais il
ne fallait pas tenter le diable, et il était grand temps
de se ranger soi-même pour ne pas justifier un accident possible toujours, après tout. Car les femmes
n'ont pas aboli la peine du talion. Le moindre souffle
de représailles ne lui avait pas encore passé au
visage ; mais, pas plus que le diable, il ne faut tenter la vertu.

. 3.

IV

Et il était si fort enfoncé dans ses philosophiques impressions qu'il ne s'aperçut même pas qu'autour de lui, c'était un grouillement inusité dans la rue, des exclamations et je ne sais quelle agitation inquiète. On s'interrogeait cependant; on s'arrêtait; on se bousculait même; on disait : quel malheur! mais tout cela ne le distrayait en rien. Quand il déboucha cependant sur le boulevard, il sortit brusquement de son rêve. La foule compacte ne s'ouvrait qu'aux voitures apportant les pompes avec un bruit formidable de trompe à vapeur et un grand claquement de fouets. Une poussière âcre était balayée par le vent nocturne, et, deux pas plus loin, l'effroyable spectacle de l'incendie fit passer dans ses yeux des flammes rouges qui les brûlaient. Sous un nuage profond de fumée que léchaient de grandes langues de feu, des charpentes s'écroulaient avec un vacarme sinistre, les toits s'ouvraient comme les gueules béantes de dragons, et une grande clameur disait tout autour que des vies humaines étaient englouties sous ces décombres menaçants et dressés, dans la rouge clarté de ce foyer immense, comme des fantômes sur un seuil d'enfer. La forge embrasée battait son plein, où se forgeaient tant de misères bruyantes et tant de douleurs obscures! C'est l'Opéra-Comique qui brûlait. M. des Andelles n'eût pas plus tôt entendu et vu cela qu'une angoisse inexprimable le prit à la gorge et le cloua un instant au pavé. Puis, comme si un ressort se détendait en lui, il bondit à travers cette masse vivante, et, comme un fou, prit sa course dans la direction de la maison qu'il habitait. Il faillit se trouver mal en portant la main à la sonnette. La lourde porte lui sembla mettre un siècle à s'ouvrir.

— Madame est-elle rentrée? demanda-t-il d'une voix presque éteinte.

— Elle rentre à l'instant même, lui répondit-on.

Un grand soupir de soulagement traversa sa poitrine et, haletant, il monta l'escalier où tremblait encore, aux lèvres de cuivre des becs, une petite flamme de gaz frémissante et bleue.

V

Madame des Andelles était, en effet, dans sa chambre et, devant sa glace, debout le long de la cheminée, elle retirait gravement une rose demeurée dans ses cheveux. Son geste était presque languissant et, tandis que ses épaules apparaissaient comme baignées d'ambre par la pénombre, le sourire de sa bouche était reflété par la glace, un sourire fait de bien-aise et de sérénité. Son mari se soutenait à peine quand il entra, mais comme elle était en train de se regarder elle-même — et elle avait raison — l'émotion de M. des Andelles lui échappa absolument.

— Hein! quelle soirée! fit celui-ci d'un ton dont

elle ne perçut pas davantage la puissance tragique, tant sa pensée était ailleurs.

Alors, sans même se retourner, elle lui répondit lentement, de sa voix la plus doucement mesurée :

— Adorable, en effet. Jamais Taskin ne m'avait fait autant plaisir au dernier acte.

M. des Andelles devint blanc. Avec un peu plus de prétentions, il eût pu devenir jaune.

Depuis ce mot malheureux, c'est vers Irma délaissée que se sont portés ses repentirs. Madame des Andelles continue à aller voir jouer *Mignon* comme le soir où l'Opéra-Comique a brûlé. C'est comme ça que je comprends qu'on aime la musique d'Abroise Thomas! Elle y va même le jour. Car la pièce qu'elle entend se donne aussi bien en matinée qu'à huit heures pour le quart. Elle se donne facilement sans orchestre et c'est la comédie la plus avantageuse et la plus agréable que je connaisse. Le ménage n'en va pas plus mal, et comme je contais cela à mon ami Jacques, il me répondit :

— J'approuve absolument ce *modus cocuvivendi*, et le considère comme la sauvegarde de l'institution sacrée du mariage.

LE MARIAGE DE BLANC MINOT

LE MARIAGE DE BLANC MINOT

I

— Tu te rappelles bien le lieutenant Blanc Minot? me demanda à brûle-pourpoint mon ami Jacques.

— Certainement. Je l'ai même rencontré, il y a quelques jours. Il est colonel maintenant.

— Et il était avec sa femme?

— Comme tu le dis; sa femme qui serait maréchale aujourd'hui, pour le moins, si, pour les dames, l'avancement se donnait à l'ancienneté.

— Et tu ne t'es jamais demandé comment cet ex-joli garçon, — car il était charmant Blanc Minot, et portait à ravir l'uniforme, — a pu épouser autrefois cette dame notablement plus âgée que lui et qui n'avait jamais été belle ?

— S'il fallait deviner la raison de certains mariages ! Un lot d'époux vraiment assortis étant ce qu'il y a de plus rare au monde, la vie serait une éternelle question.

— Eh bien ! moi je sais comment cette union s'est faite. Car j'étais au même régiment que Blanc Minot quand eut lieu l'aventure dont elle est résultée.

— Veux-tu me la conter ?

— D'autant mieux que l'histoire est de celles que tu aimes, n'étant pas précisément pour charmer les raffinés de musique et de parfum.

— Je crains de comprendre.

— Tu as certainement compris... ou mieux, tu as senti immédiatement. Je commence donc.

Et, tout en roulant une cigarette entre ses doigts de paresseux, mon ami prit la parole dans les termes qui suivent et que je reproduis d'autant plus volontiers que je les trouve bien choisis et tout à fait élégants.

II

— Nous étions en garnison à la Ferté-sur-Bringue, une petite ville où nous nous serions prodigieusement ennuyés si la société qui était bourgeoise, mais de bonne compagnie, n'eût été particulièrement hospitalière pour les officiers. Nous étions de toutes les soirées et le temps y passait assez vite, grâce à une réunion vraiment remarquable de jeunes femmes et de jeunes filles parfaitement élevées. Je n'ai jamais aimé beaucoup ce qu'on nomme le monde, mais faute de grives — j'entends de drôlesses aimables — on se contente de merles — j'entends de jeunes personnes comme il faut. Les mœurs de la cité étaient d'ailleurs irréprochables, nous avions les ordres les plus sévères et tout se passait avec une convenance parfaite et sans aucun dommage pour la vertu.

Blanc Minot arrivait directement de Saint-Cyr. C'était son premier régiment. Il appartenait, comme moi, à la compagnie de Laripète, qui n'était encore que capitaine. Madame Laripète le reluquait beaucoup, sans trop me délaisser moi-même pour cela ; mais Blanc Minot était un timide et tout ce qui suit n'est que la conséquence de cette invincible timidité. Malgré la gaucherie qui en résultait dans ses façons, tout le monde le trouva charmant et les femmes en raffolèrent. Une surtout, la jolie mademoiselle Blanche d'Espinge, ne cachait pas ses préférences pour lui.

Mais Blanc Minot, bien que sensible, était un peu comme l'Hippolyte de Phèdre. Il aimait la chasse et trouvait un plaisir infini à tourmenter un tas de volatiles et de quadrupèdes qui ne lui avaient jamais rien fait. Or, la chasse allait ouvrir dans quelques jours et mon Blanc Minot avait passé sa journée à suivre les champs, en appelant les cailles avec le petit instrument nommé appeau qui est censé imiter leur chant. Je crois que nous nous faisons une grande illusion quand nous voulons parler aux oiseaux leur langage ; mais Blanc Minot était convaincu que les cailles prenaient grand plaisir à sa conversation et lui donnaient rendez-vous pour son premier coup de fusil. Comment avait-il laissé ledit appeau dans sa poche ? Toujours est-il qu'à la soirée donnée par M. le maire, et à laquelle il était assis auprès de mademoiselle d'Espinge, il froissa maladroitement l'instrument encore plein d'air qui rendit un son tout à fait insolite, lequel semblait directement sortir de la culotte du lieutenant. Mademoiselle d'Espinge, toute rouge, ne put retenir un ah ! et le malheureux Blanc Minot, pâle comme la mort, se leva sans savoir où il allait, au milieu de la stupéfaction générale. On ne le revit du reste de la durée du bal.

III

Je t'ai dit que Laripète l'avait pris sous sa protection spéciale. L'excellent homme et comme j'eus tort de le faire si copieusement cocu ! Ce qui adoucit mes remords, c'est que Laripète était d'une telle maladresse qu'il ne manquait jamais de jouer quelque mauvais tour à ceux qu'il entendait obliger. En amitié, c'était un castor par la fidélité, mais un ours par l'usage des pavés. Nul ne les lançait sur le nez de ses intimes avec une grâce et une sûreté pareilles. A peine connut-il l'accident arrivé à son cher Blanc Minot qu'il en voulut pallier les conséquences. Il le fit avec l'habileté d'un homme qui voulant redresser un nougat qui chancelle, mettrait ses deux pieds dans le plat. Et quels pieds ! Tout de suite, il s'en fut à mademoiselle d'Espinge, et, sans s'apercevoir de ce que son insistance sur un fait déplaisant avait de fâcheux, il crut devoir excuser Blanc Minot par une confidence qu'il prit, lui-même, pour un trait de génie. — Ah ! mademoiselle Blanche, fit-il sur un ton sentimental et éploré, pardonnez à un malheureux ce qui n'est qu'une preuve de l'excès de son amour ! Blanc Minot est ainsi constitué par la nature. Quand il se trouve auprès d'une femme dont il est sérieusement épris, il ne sait plus se contenir... C'est sa timidité réprimée... ses sentiments refoulés... — Vous me la baillez bonne, capitaine ! répondit mademoiselle d'Espinge, qui ne pouvait s'empêcher de sourire à l'idée d'un monsieur dont l'amour se trahissait par ce singulier langage des fleurs. Laripète la quitta, convaincu qu'il avait rendu à Blanc Minot un grand service.

Joli le service, en vérité ! Mademoiselle d'Espinge conta, sans doute, le discours de Laripète à ses amies. Mais le malheureux Blanc Minot ne put plus paraître dans une soirée que toutes ces dames et demoiselles ne se missent à chuchoter tout bas, en le regardant du coin de l'œil et en étouffant de méchants éclats de rire. Blanc Minot eût certainement été obligé de demander son changement si les parents de ces péronnelles n'eussent fortement réprimandé celles-ci. Il s'agit avant tout de marier ses filles, et Blanc Minot était un parti qui en valait

bien un autre. Cette considération ramena un peu
de sérieux dans la jeunesse féminine de la Ferté-
sur-Bringue.

IV

Une singulière réaction se produisit même dans
l'ordre d'idées soulevées tout d'abord par la confidence de Laripète. Blanc Minot fut l'objet d'une
cour très particulière de la part de toutes les demoiselles. Elles lui faisaient mille coquetteries char-
mantes, l'attiraient auprès d'elles et par d'habiles
jeux de conversation, tâchaient de l'amener à un
aveu... Vous vous rappelez, n'est-ce pas, sa façon
d'avouer telle que l'avait décrite Laripète. Il en fut
même qui témoignèrent quelque dépit du silence
obstiné que gardait le beau lieutenant. Toutes
étaient jalouses de mademoiselle d'Espinge pour
qui, seule, son cœur avait parlé hautement. Au
fait, cela ressemble à peu près à un cri de l'âme,
comme le bruit stupide de l'appeau au gazouille-
ment exquis des alouettes. Mais mademoiselle d'Espinge, qui était au fond une pimbêche, boudait visiblement son compromettant amoureux. Bientôt
l'attention se porta sur ce multiple manège. A peine
Blanc Minot semblait-il causer un peu tendrement
avec une jeune personne, que tout le monde demeurait muet pour écouter si quelque plain-chant
nouveau confirmerait l'expression de sa tendresse.
Toute la Ferté-sur-Bringue n'eut plus d'autre occu-

pation. On nomma des surveillants-auditeurs, et des paris s'engagèrent qui infestèrent cette ville innocente de la dangereuse fureur du jeu. Toute la Ferté-sur-Bringue devint une oreille dressée sur le pantalon du malheureux officier. Je dis : oreille et non pas : œil, monsieur, pour éviter tout fâcheux équivoque. Mais Blanc Minot tenait bon. Il était silencieux comme le Dieu même du mystère. Aucune de ces demoiselles ne se sentait vraiment aimée, et un voile de mélancolie descendait sur cette cité naguère joyeuse.

L'arrivée d'un gigantesque cassoulet envoyé de Castelnaudary par un homme de bien avait mis ce jour-là en gaieté notre table d'officiers. Blanc Minot avait mangé comme quatre de ce délicieux ragoût où domine le savoureux haricot. On dansait, ce soir-là, chez le percepteur. Blanc Minot se sentait horriblement serré dans son uniforme. Il n'en invita pas moins, pour un tour de valse, une jeune personne d'une trentaine d'années en train de coiffer sainte Catherine — ce qui vaut mieux d'ailleurs que de coiffer sainte Catin — nommée Hélène Gibot, sentimentale demoiselle et de très poétique nature. Comme Blanc Minot lui enlaçait respectueusement la taille, il fit je ne sais quel mouvement maladroitement tendu, lequel donna passage à un des habitants farineux du cassoulet et en débrida inopinément l'âme sonore. Ce n'était plus un appeau cette fois ! Ça avait fait nettement : prout ! Blanc Minot allait s'évanouir de honte, quand mademoiselle Hélène prit les devants et tombant, comme inanimée de joie dans ses bras, murmura :

— O Gontran ! que vous êtes bon de m'aimer !

Toujours la suite de la confidence à Laripète. Toujours la maudite timidité de Blanc Minot ! Il n'eut jamais le courage de désabuser la pauvre fille, et se crut obligé de l'épouser.

LE PÈRE GASPARD

LE PÈRE GASPARD

I

Le vent frais du soir faisait courir sur les chemins les feuilles rouillées, celles des peupliers toutes petites d'un jaune clair et pareilles à des sequins, celles des marronniers plus foncées et recroquevillées comme des serres d'oiseaux de proie ; une buée légère montait des fossés pleins d'eau, comme si les étoiles, en y jetant leur image, y laissaient tomber les gouttelettes d'un métal en fusion. C'était un de ces soirs d'automne où semble haleter le dernier souffle de l'été, — je marchais dans l'herbe humide, mon fusil chargé sous le bras et mon carnier vide sur les reins, — car, si je chasse quelquefois, mon excuse est que je ne tue jamais aucun gibier, — sifflant d'ailleurs un air à la pleine lune, laquelle voguait, à l'horizon, sur une mer de nuées légères. Tout à coup la silhouette du vieux garde se dressa devant moi. Il était aussi armé de pied en cap, mais son carnier semblait beaucoup plus lourd que le mien,

— Vous revenez de la chasse, père Gaspard? lui demandai-je.

— Non, monsieur, j'y vais.

Et il ajouta d'un ton rageur :

— Il faut bien que ça finisse !

— Quoi donc, mon brave ?

— Eh ! morbleu ! monsieur, les braconniers! Excepté moi qui les connais comme si c'étaient mes enfants, on ne trouvera bientôt plus ici ni un perdreau, ni un lièvre; la plaine et les bois, les maraudeurs ravagent tout. Mais aussi je tiens leur piste. Ce que j'ai là dans ma gibecière c'est de quoi les ramener à la gendarmerie. Car, je vous jure que, ce soir-même, leur quartier général sera à moi !

— Voulez-vous que je vous accompagne, Gaspard?

— Au fait, monsieur, ça n'est peut-être pas de refus. Ces gaillards-là ont le coup de feu leste, et, peut-être, si nous les surprenons, comme j'en suis à peu près certain, ne serons-nous pas de trop de deux pour les tenir en respect. J'ai chargé mon fusil de gros plomb et je vous engage à en faire autant.

— Mais de quel côté nous dirigeons-nous ?

— Là-bas ! c'est là qu'est le nid de ces vilaines bêtes.

Et le père Gaspard me montrait un vieux pavillon en ruines formant l'angle d'une immense propriété.

II

Comme nous nous étions remis en route côte à côte et que j'étais revenu seulement depuis la veille au pays, je me mis à interroger le vieux garde dont la langue s'était déliée aux lèvres de ma gourde.

— C'est toujours à M. des Engrumelles, lui demandai-je, qu'appartient ce grand bien?

Et je lui désignais le parc vers lequel nous marchions à grands pas.

— Certainement, monsieur, et il l'habite tout l'été, le pauvre homme!

— Que lui est-il donc arrivé? Est-ce que madame des Engrumelles?...

— Non, monsieur, rien de pareil. Toujours vénérée comme une sainte dans le pays, ce qui ne l'a pas empêchée de jouer à son mari le tour le plus abominable.

— Lequel, père Gaspard?

— Mais celui de le lancer dans la politique. Vous ne lisez donc pas les journaux, monsieur? Vous ne savez donc pas que M. des Engrumelles a été député?

— Je n'ai jamais lu aucun discours de lui dans les débats parlementaires.

— Si fait, monsieur, c'est lui qui, dans une séance mémorable s'écria: « Huissier, fermez donc la fenêtre, on s'enrhume ici ! » Mais il a failli devenir ministre à la suite de ce coup d'éclat. Il a été de neuf combinaisons dont aucune d'ailleurs n'a abouti. Résultat : blackboulé aux élections nouvelles.

— Et madame des Engrumelles !

— Elle boude maintenant son mari, Elle aussi avait rêvé d'être ministresse ! Oh ! les femmes !

III

Un aparté est peut-être ici nécessaire. Je choisis pour monologuer un instant, le moment où le père Gaspard, après cette mélancolique apostrophe à la plus belle moitié du genre humain, allume sa grosse pipe de bruyère tout échevelée de tabac humide et d'où monte une petite fumée bleue. Avez-vous deviné que j'avais été amoureux de madame des Engrumelles ? Si vous ne l'avez pas deviné, je vous le dis et j'ajouterai que c'était un peu pour la fuir que, depuis cinq ans, j'avais couru la Hollande, oubliant les musées pour l'admirable paysage qu'anime encore le souffle des vieux maîtres de Haarlem ; oui je m'étais exilé volontairement pour me soustraire au charme pénétrant de cette étrange femme dont les yeux avaient des reflets violacés et froids de l'améthyste, dont la chevelure noire était comme sillonnée par des reflets de lapis sombre. L'éclat de son teint avait je ne sais quoi de lilial qui faisait penser aux chairs mystiques de la grande Immaculée. Le dédain avait mis sa fleur amère sur ses belles lèvres d'un rose tendre. Tout était aristocratique, inquiétant, doucement terrible, dans cette créature d'une élégance suprême et douée d'un mystérieux pouvoir. Je n'avais jamais osé lui dire ce que je souffrais pour elle, parce qu'il me semblait qu'elle me répondrait qu'elle le savait bien, et que d'ailleurs cela lui était absolument indifférent. Avant même que je lui eusse rien demandé, j'avais senti déjà le poids de son refus.

Une telle femme avait-elle un amant? En aurait-elle un jamais? Ce sont choses que j'osais à peine me demander, tant mon amour était mêlé de respect et tant j'étais dompté par cette extraordinaire figure dont le mystère même me semblait sacré. C'est ainsi qu'Hélène (c'était son nom) avait passé dans ma vie y laissant une empreinte même sans y avoir posé le bout de son pied mignon, me déchirant d'un regard ou me consolant d'un sourire, sans avoir jamais effleuré mon cœur de ses doigts roses. C'est ainsi que, sans avoir l'air de s'en douter, mais le sachant toujours à merveille, certaines femmes nous torturent à distance par je ne sais quel magnétique enchantement.

IV

Le père Gaspard avait fini d'allumer sa pipe. Nous étions d'ailleurs à vingt pas du pavillon. Alors il se rapprocha de moi pour me parler tout bas :

— Regardez bien cette bicoque, me dit-il. Tout

4.

à l'heure la fenêtre va s'éclairer. C'est comme ça tous les soirs. Vous pensez bien que ce ne sont pas les gens du château qui font trois kilomètres pour venir prendre le frais entre ces murs délabrés. Au reste, j'ai été tantôt regarder par la croisée et j'ai aperçu les restes d'un souper qu'on n'avait même pas pris la peine d'enlever. La moitié d'un pâté de gibier était encore sur la table. Du gibier! Cela m'a mis sur la voie. Voulez-vous parier que c'est là que les braconniers qui infestent ce bois se réunissent et se concertent ? Nous allons d'ailleurs en avoir bientôt le cœur net, et si ce sont des gens du château, ils nous répondront certainement. L'un de nous deux ira se poster devant la fenêtre, afin qu'on ne puisse sauter par là, tandis que l'autre, enjambant cette mauvaise haie, marchera droit sur la porte du pavillon.

— Ce sera moi, si vous le voulez bien.

— Entendu? Et maintenant plus un mot et marchons sans bruit !

En effet, pendant ce sage discours, la croisée s'était illuminée, comme l'avait si sûrement prévu le père Gaspard.

Malgré toutes nos précautions, il paraît que le bruit de nos pas parvint jusqu'aux hôtes mystérieux de ce gîte, car à notre approche, la lumière s'éteignit brusquement.

Chacun de nous, comme il était convenu, s'en fut à son poste, moi à travers le parc, devant la porte du pavillon, et le vieux garde sous la fenêtre.

— Qui est là ? s'écria d'une voix ferme celui-ci.

Le silence seul lui répondit.

— Êtes-vous des gens de la maison? demanda-t-il encore.

Ni un mot, ni un souffle.

— Alors, rendez-vous! criai-je à mon tour.

Et d'un violent coup de crosse, j'enfonçai l'huis qui craqua épouvantablement. Alors j'aperçus sensiblement un homme qui sautait par la fenêtre et j'entendis le bruit de la lutte immédiatement entamée entre le vieux garde et lui. Comme j'allais fouiller la place, le fusil armé, une femme se dressa devant moi, puis, suppliante, tomba à mes genoux:

— Monsieur, ne me perdez pas! me dit-elle.

Et un clair rayon de lune ayant glissé entre deux pierres mal jointes, découpé par des tiges pliantes de volubilis, je la reconnus parfaitement. C'était l'impitoyable Hélène!

V

A mon tour, je sautai ensuite par la croisée, pour empêcher à tout prix le père Gaspard de faire un esclandre. Je le trouvai en train de parlementer avec son prisonnier en qui je reconnus mon ami Jacques. Je jugeai l'instant et le lieu mal choisis pour le féliciter de sa bonne fortune. Je répondis simplement de lui devant le garde et le fis mettre en liberté, expliquant sa présence là par quelque stupide raison.

Quand nous fûmes seuls cependant, le père Gaspard et moi, l'inquiétude me prit de connaître s'il avait été ma dupe ou s'il savait absolument à quoi s'en tenir sur la nature de l'événement. Mais le vieux paysan fut muet comme une carpe tout le long du retour. Je cherchai cependant à ramener l'entretien sur les mésaventures politiques de M. des Engrumelles, comme si la conversation précédente avait été simplement suspendue par un incident sans conséquence.

— Pauvre monsieur des Engrumelles? fis-je tout à coup. Et il n'a pas été réélu?

Le vieux garde me regarda avec un œil bien clair sous l'ébouriffement de ses sourcils en broussailles, cet œil de paysan qui est plein de ruse et de fausse loyauté.

— Ma foi, monsieur, me dit-il, m'est avis que vous avez tort de le plaindre. Il vaut encore mieux être ce qu'il est que ministre.

Et montrant du bout de son doigt épais deux branches encore verdoyantes et jaillissant du même point d'un tronc de hêtre, il ajouta :

— On garde plus longtemps son portefeuille.

LE STIGMATE

LE STIGMATE

I

L'histoire que je vous vais dire, et qui vaut surtout par sa portée morale et philosophique, est moins pour mes lecteurs ordinaires que pour les mélancoliques qui aiment les récits sérieux, congrus, instructifs, documentaires, raisonnables et même un peu bourgeois. Il convient d'y chercher, non pas une fantaisie plaisante, mais la profondeur de la pensée. J'ai assez écrit pour les gens futiles qui ne souhaitent que rire. Au tour de ceux qui entendent méditer ! Faites-moi bon accueil, gens graves, esprit sévères, personnes embêtantes mais dont je veux aussi mériter l'estime et les suffrages devant la postérité.

Le savant docteur Cornelius Van de Mounisch n'était pas un de ces savants inutiles qui n'apportent, par leurs travaux, aucun bien-être nouveau à l'humanité. Ses recherches avait une ambition pratique, et ses plus nobles découvertes ne tendaient à rien moins qu'à la régénération de la peinture dans son glorieux pays. Il avait, en effet, la prétention d'avoir inventé des couleurs absolument inaltérables, comme les maîtres anciens les composaient et les broyaient eux-mêmes, suivant des secrets aujourd'hui perdus. Au moment où commence l'aventure que je vous recommande, il était précisément dans son laboratoire, en train de mettre la dernière main à une terrine de vert, mais d'un vert autrement subtil, pénétrant, indélébile et inattaquable par le temps que le Véronèse. Car séchant avec une rapidité terrible, il était impossible de le faire disparaître ensuite, tant il imprégnait le système moléculaire lui-même des surfaces sur lesquelles on l'étendait. Ce vert était la vraie gloire du savant docteur Cornelius Van de Mounisch; il en voulait teindre le laurier dont son front serait ceint dans l'immortalité. Quel mémoire il allait soumettre aux académies ! Il en méditait les premières lignes, tout en continuant à tripoter avec une baguette sa nuance favorite, quand un bruit qui lui sembla venir de la chambre de sa femme détourna, malgré lui, son attention. Les deux pièces étaient voisines, en effet, le docteur ayant l'habitude de sauter quelquefois du lit au milieu de la nuit, pour courir à ses cornues, quand l'inspiration lui venait, quand le *ecce, ecce Deus !* lui poussait sa fanfare au cerveau.

Le savant prêta l'oreille : un second bruit pareil au premier retentit : — Le diable soit de moi si ce ne sont des baisers ! fit-il en devenant très pâle. Sa femme le croyait sorti. Que se passait-il donc ? Van de Mounisch n'était pas de ces impétueux qui se ruent aux tueries. Il s'arma tout d'abord d'une canne énorme et essentiellement défensive, et se dirigea vers la porte en faisant de tous petits pas qui ne faisaient aucun bruit sur le plancher.

II

— Misérable !

La belle madame Van de Mounisch se tordait les bras, à demi-nue sur son lit, tandis que cette exclamation sonnait à briser les vitres. Durant ce temps inappréciable aux instruments les plus délicats, un jeune homme, encore moins vêtu qu'elle, se sauvait par l'autre porte de la chambre, poursuivi par le gourdin vengeur du savant. Il traversait le laboratoire, s'asseyait, en courant, dans la fameuse terrine de vert, se relevait à temps et sautait par la fenêtre, avant que son ennemi ait pu rien voir autre chose que son derrière, ce qui ne constitue pas le plus distinctif des signalements. Désespérant de le rejoindre, le docteur rentra dans la chambre de madame Van de Mounisch et lui fit les plus véhéments reproches. Avait-elle réfléchi à l'énormité de son crime et pensé à l'homme qu'elle trompait ! Et, comme elle pleurait beaucoup en protestant de son innocence, — ce qui était un comble entre nous, — son miséricordieux mari se radoucit et lui tint ce langage :

— Soit, madame, je ne vous ferai aucun mal à vous ; car ce serait en faire à moi-même qui vous aime ! Mais vous m'allez nommer le galant que j'ai surpris dans vos bras, et celui-là !... je le tuerai.

Madame Van de Mounisch, qui était une honnête femme, refusa net de nommer son complice.

— Bien, madame ! fit son époux. Mais je vous jure bien que je le retrouverai. Car il porte certainement aux fesses une tache verte qu'il n'en pourra jamais faire disparaître, et quand je devrais déculotter la ville tout entière...

Madame Van de Mounisch se mit à rire à cette pensée. Cette hilarité inconvenante rendit le docteur plus soucieux encore. C'est un difficile travail qu'il allait entreprendre là ; plus malaisé encore, que la recherche des couleurs inaltérables. Car c'est toujours une chose délicate que de demander à un monsieur qu'on ne connaît d'avoir l'obligeance de vous montrer son arrière-visage, celui que les géographes appellent la Rose des Vents. Quant à employer la force, il n'y fallait pas songer. Alors, une vie vraiment épouvantable commença pour l'obstiné savant, une vie de ruses et d'expédients qui eussent fait honneur à un cannibale affamé de faux-filet humain. Il se cachait pour scruter tous les endroits où les hommes ont coutume de se dévêtir partiellement, regardant traîtreusement par de petites fentes et de petits trous. En été, il ne quitta pas un seul jour les bains froids. Un Hammam s'étant installé dans la ville, il postula, en hiver, la situation infime cependant de masseur. Il lui arrivait également de s'offrir comme aide aux apothicaires qui, dans ce temps-là, en Hollande, pratiquaient encore eux-mêmes. Ce qu'il en vit de toutes les couleurs, de toutes les formes, d'ascétiques et de joufflus !...

Mire dans tes yeux mes yeux !...

eût-il pu chanter comme dans la vieille romance. Mais sur aucun, la fameuse tache verte, le stigmate révélateur... Où donc le lâche avait-il fui ? M. Van de Mounisch dépérissait à vue d'œil, mais sans renoncer à son dessein.

III

Il eut une fausse joie. L'Allemagne ayant, dès ce temps-là, l'habitude d'inquiéter ceux-ci ou ceux-là, des rumeurs d'invasion traversèrent le pays. On médita une levée en masse de tous les hommes valides.

— Quelle chance ! s'écria Van de Mounisch, qui était exempté comme myope, j'assisterai à tous les conseils de revision. Ils défileront là tous sous mes yeux ! Impossible à celui qui porte la tache verte de m'échapper ! Je connaîtrai donc enfin le bourreau de mon honneur et je le pourrai châtier !

Il se fit, en effet, nommer, comme savant, de la

commission supérieure chargée de visiter tous les citoyens en état de porter les armes.

Cette longue opération excita, parmi les membres de ladite commission, un patriotisme considérable.

— Nous avons là une splendide artillerie! fit tout haut le général Van de Vesse en inspectant par derrière le premier rang.

L'émotion causée par cette chaleureuse parole fut telle qu'on crut entendre un vague roulement de canon dans l'espace.

Van de Mounisch avait surmonté ses lunettes d'un binocle pour s'affiner encore la vue. Il mangeait des yeux cette batterie humaine. Mais rien! toujours rien! la fatale tache verte n'apparaissait nulle part. Quand le recensement des troupes fut achevé, il ne put s'empêcher de penser que l'infâme était certainement un déserteur ou un étranger qui avait quitté sa patrie. Une série de méditations profondes l'amena à préjuger que c'était en France qu'avait dû naître ou se réfugier le misérable dont il avait juré la mort. Ah! nous avons cette réputation d'être particulièrement hospitaliers aux amoureux que traquent les maris. C'est la morale gaie de notre pays qui nous vaut cela et aussi son ciel plein de soleil. M. Van de Mounisch était un de ces héros que rien ne rebute. Il embrassa sa femme à qui il avait continué à pardonner et nous le retrouverons tout à l'heure dans les environs de Paris, dans un de ces sites charmants de l'extrême-banlieue où la Seine promène ses eaux et où madame Deshoulières rêvait d'amener ses moutons.

Lui, Van de Mounisch, qu'y venait-il chercher ? — Toujours la tache verte !

IV

Un coin de la rivière sous une saulaie presque mystérieuse, tout près cependant d'un village bruyant dont on entend les chansons et les rires. Deux soldats ont mis habit bas pour se baigner, et l'un d'eux est assis sur un banc, dans le costume traditionnel d'Adam, tandis que l'autre est étendu sur l'herbe et taille des baguettes, comme fait tout bon militaire dans les bois. Quel hasard malheureux amène ici Van de Mounisch, toujours à sa méditation désespérée ? En entendant ses pas, le troupier qui était assis sur le banc et qui lui tournait le dos se lève. Jour de Dieu ! Il avait une tache de vert magnifique à l'opposé de la face. Van de Mounisch n'hésite pas. Il a toujours à la main la fameuse canne dont l'extrémité est une petite balle de plomb. A l'improviste, traîtreusement, il l'abat sur la tête du malheureux qui tombe sans pousser un cri. Le premier coup l'avait assommé. Son camarade ne put que sauter sur le meurtrier, qui ne daigna faire aucune résistance.

— Il avait la tache verte au derrière, se contente-t-il de répondre au garde champêtre et aux voisins accourus de tous côtés et qui lui ont solidement lié les mains.

— Belle malice! fait le père Bistoquet, j'avais repeint le banc ce matin.

Ce mot fut une révélation terrible pour Van de Mounisch. Évidemment il avait massacré un innocent. Sa défense devant le tribunal fut la plus piteuse du monde. Quand il soutint qu'il avait tué ce pauvre diable uniquement parce qu'il avait le postérieur couleur de feuillage, la cour pensa qu'il se moquait d'elle. On lui accorda des circonstances atténuantes, cependant, parce que le soldat, sa victime, était en état de contravention, défense étant faite aux militaires comme aux civils de se baigner sans caleçon dans un endroit fréquenté. C'est à ce détail que Van de Mounisch dut de conserver le droit de porter encore une casquette.

V

Un an déjà dans les cachots! Le pauvre Van d Mounisch n'est plus reconnaissable. Sa conduite est tellement édifiante qu'on lui accorde un compagnon de captivité, un ancien marin qui avait fait des siennes dans les cinq parties du monde. Ce n'est pas précisément une société bien agréable pour un savant. Mais la solitude absolue est quelque chose de si effroyable! Van de Mounisch accueille à bras ouverts ce nouveau venu. — Tel Robinson prenant sur son cœur Vendredi. — On en arrive vite aux confidences. Mais le docteur garde son secret pour lui. Vantejol — ainsi s'appelait le marin, —

au contraire, est prodigue du récit des mauvais coups qu'il a faits. Ah! le vantard, que ce chenapan! Il a porté tous les noms et revêtu toutes les livrées.

— Mais comment a-t-on toujours fini par vous reconnaître ? lui demanda Van de Mounisch.

— C'est rudement rigolo! répliqua l'homme de mer. Mais, depuis un voyage que je fis autrefois en Hollande, je porte là, sous ma culotte, une plaque de vert que rien n'a pu enlever. Ça n'a pas l'air de vous faire rire ?

En effet, Van de Mounisch ne riait pas. Il avait les traits contractés par un rictus terrible. Une dernière bouffée de colère lui était montée au cerveau. Mais le malheur l'avait vaincu. Il serait bien avancé de tuer le dernier camarade que lui promettait la vie! Son visage se rasséréna tout à coup et cette sagesse lui vint, subitement, qu'il en avait déjà beaucoup trop fait pour cette bagatelle du cocuage qui ne vaut pas qu'on la prenne au tragique. C'est donc avec un accent très débonnaire qu'il dit à son interlocuteur :

— Vous me la montrerez, n'est-ce pas ?

— Tout de suite! répondit Vantejol, qui était un garçon sans cérémonie.

Un instant après, le chimiste ayant tué en lui le mari jaloux, Cornélius Van de Mounisch murmurait avec une fierté douce :

— Quel beau vert tout de même j'avais trouvé là!

TITUS

TITUS

I

Titus de Narbonne, le fondateur de la maison Titus et Romanèche : un vieux qui avait couru le monde et estimait que les voyages seuls forment la jeunesse — il se citait modestement comme exemple à ce propos. — N'avait-il pas plus appris qu'en séchant sur les bouquins ? Ce qu'il avait appris valait mieux, en tous cas, que la vaine science des décrotteurs de latin. Car, parti sans souliers, ce qui est encore plus dur que de venir en sabots, il était actuellement millionnaire. Millionnaire et sans enfants ! Voilà le revers de cette magnifique médaille. Du vivant de madame Titus, il avait réitéré les essais loyaux sans succès. En ce temps-là on ne songeait pas encore à appeler un monsieur muni d'une seringue en pareil cas. Les clystères se donnaient comme au temps de Molière. L'oncle Titus — ce mot seul vous révèle le secret de ses consolations — s'était contenté de reporter tout ce que l'homme garde inexorablement en lui de paternellement affectueux sur les deux fils de sa sœur, deux garçons jumeaux et parfaitement dissemblables de caractère, mais d'ailleurs dignes l'un et l'autre de cette tendresse.

Jean était laborieux et Paul flâneur ; Jean était véridique dans ses discours et Paul inventeur dans ses récits ; Jean était chaste comme un apprenti-éléphant et Paul avait les appétits d'un jeune coq ; Jean méditait volontiers et Paul exhalait ses moindres pensées avec une faconde toute méridionale. Tous deux achevaient leur droit à Paris, le judicieux Titus ayant remarqué que la seconde moitié de ce siècle, dont la première fut aux poètes, appartient aux avocats. La lyre a cédé la place à la toge, non plus l'épée comme autrefois. Il ne s'agit plus d'être un héros ni un chantre d'épopées, mais simplement d'avoir sondé le mystère des murs mitoyens pour dominer les foules du haut d'une popularité peu bégueule. Jean et Paul avaient passé leur thèse le même jour : Paul avec plus d'éclat que Jean, parce qu'il savait moins mais était plus bavard ; enfin tous deux l'avaient passée. Quand la nouvelle en arriva à Carcassonne, maître Titus en jeta, de contentement, son crasseux bonnet de soie sur la table où fumaient les débris d'un cassoulet.

— Dix mille francs! fit-il. Je vais leur donner dix mille francs pour s'amuser et voir Constantinople !

Et, huit jours après, il comptait la somme à ses deux neveux en leur souhaitant bon voyage. L'avunculat est un sacerdoce pour ceux qui le comprennent ainsi.

II

— Et ça t'amuse d'aller à Constantinople? dit Paul à son frère.

— Comment si ça m'amuse! voir un pays merveilleusement célèbre, en étudier les mœurs et les lois, en approfondir sur place la jurisprudence !...

— Eh bien, moi, ça m'embête horriblement et j'aimerais beaucoup mieux passer ce mois de congé à Paris tout simplement où je trouverais bien une bonne fille pour m'aider à manger les cinq mille francs qui me reviennent dans la libéralité de l'oncle Titus.

— Mais, malheureux ! comment donner à l'oncle des nouvelles de ton voyage !

— C'est bien malin ! Je t'enverrai, à toi, des lettres intérieurement datées de Constantinople et que tu y mettras à la poste.

— Mais que pourrais-tu lui dire d'un pays que tu ignores ?

— Ça, ça me regarde.

Les deux frères s'aimaient beaucoup. Jean consentit à ce que Paul lui demandait. Celui-ci s'embarqua consciencieusement et celui-là reprit sournoisement le train qui mène aux abords du Panthéon. A peine riverain du Bosphore, Jean commença d'étudier si sérieusement qu'il avait à peine le temps d'envoyer quelques mots par semaine à l'oncle Titus. Par contre, Paul acheta l'immortel livre de Théophile Gautier et commença à le distiller, à raison de dix pages à la fois, dans des épîtres pleines de couleur que le vieux Narbonnais recevait indirectement, avec un peu de retard sans doute, mais aussi avec délices. Bien que lettré comme un saumon, il subissait la magie du style, l'incomparable charme descriptif de ce chef-d'œuvre et s'extasiait devant les facultés étonnantes d'un neveu qui lui faisait éprouver ses propres impressions et l'entraînait, avec lui, dans ses courses pittoresques.

— Au moins en voilà un qui profite de son voyage! s'écriait-il enthousiasmé : puis faisant une lippe de dédain, il ajoutait :

— Mais l'autre ! avec un accent qui voulait dire : Voilà bien de l'argent fichu !

III

Certes Paul profitait de son voyage... de son voyage à Paris, s'entend. Comme il l'avait prévu, il avait trouvé sans peine une demoiselle disposée à partager ses dépenses, à la condition qu'il en payât la totalité, plus une prime notable pour les plaisirs de sa compagnie. Ce genre d'associées se rencontre aisément sur l'une et l'autre rive de la Seine. Je ne vous dirai pas ce qu'elles baillent, mais elles y sont infiniment moins rares que les bailleurs de fonds. Antonia était une belle fille, pareille à tant d'autres que Montmartre a vues naître. Montmartre qui possède encore un moulin uniquement pour le vol des bonnets, puisqu'il y a beaux jours qu'on n'y fait plus de farine. Blanche, blonde, grasse, appétissante à l'envi, avec de toutes petites dents mais qui mangeaient et mordaient comme celles des souris, avec des yeux noirs, pas bien expressifs, un peu endormis à l'ordinaire, mais s'allumant devant l'or et le vin de champagne, pas bien intelligente et pas du tout élévée, mais rusée de nature et cependant bonne créature, avec cela, et très bien capable de recueillir un chat abandonné pour en ennuyer tous ses voisins ou de prendre la défense d'un cheval maltraité, à condition que ce ne soit pas elle-même qui fût dans la voiture. Vous connaissez le modèle, n'est-ce pas? Echantillon 2,527. *Horizontala vulgaris Linneensis* des naturalistes du boulevard. Je ne hais pas cette fille banale, pourvu qu'on passe plus de temps à faire le tour de son postérieur que celui de son esprit. C'était le cas et c'était aussi l'excuse de Paul. Au fait, ce Paul dont je me moque comme de l'an quarante avait-il besoin d'excuses? Et que non, morbleu! La belle affaire de s'en aller au diable errer mélancoliquement devant la porte fermée des harems orientaux que gardent des ténors sans engagement, quand nos harems, à nous, courent les rues sous l'œil viril d'anciens militaires qui n'ont rien perdu de leurs illusions ! Voyage pour voyage, je préférerai toujours l'exploration des côtes d'une jolie femme à celle des côtes de la Méditerranée. C'est moins bleu, mais mieux rembourré. Les seins n'ont-ils pas le doux gonflement des vagues et le même murmure berceur? La nacre des coquillages ne revit-elle pas aux divins luisants de la chair féminine ? Les beaux cheveux n'ont-ils pas le balancement allongé et capricieux des algues que le flot emporte? Certes! Et puisque Vénus a pris la peine de sortir solennellement de la mer, c'est sur terre que je la suis, ne demandant plus aux plages qui la pleurent encore que le vague parfum de son beau corps disparu !

IV

Cependant le mois de vacances avait pris fin. Jean faisait voile vers Marseille, n'ayant augmenté son bagage que de quelques bouquins rares et délabrés, dont le plus curieux était certainement un tarif des droits de justice sous l'empereur Constantin. Dès ce temps-là on se préoccupait de les diminuer. On s'en préoccupera encore longtemps ; mais ce n'est pas tant que nous serons sous la main des chicanous parlementaires que la question sera résolue. Pas si bête que de restreindre les frais dont ils vivent, et de désarrondir la panse des sacs à procès ! Mais ceci n'est pas mon affaire. Pendant ce temps-là Paul dévalisait tous les marchands de bibelots orientaux de la rue de Rivoli et l'étalage de tous les marchands de pantoufles du Palais-Royal. Il s'achetait des turbans, des vestes turques, des yatagans, des caisses de pastilles puantes, des flacons d'essence de rose directement remplis dans la Dhuys, des bottes rouges et vertes, des fusils de mamelucks, des fez cramoisis comme des derrières d'enfants fouettés, toutes les ordures à bon marché que débitent des mahométans de Belleville aux collectionneurs de Pontoise ou de Romorantin, Antonia, qui l'accompagnait et assistait à cette acquisition d'objets exotiques, en profita pour se faire habiller complètement à la musulmane, des pieds à la tête, et je vous jure que cette défroque allait joliment à ses airs d'almée paresseuse et gourmande. Quand, avant de partir pour Narbonne, Paul la serra sur son cœur, une larme furtive tomba des yeux de la belle fille et s'en vint poser une étoile d'argent parmi les petites étoiles d'or dont la gaze de sa large culotte était constellée. Sous cette gaze, comme sous un linceul, dormait le souvenir des cinq mille francs défunts. Il avait bien choisi son oreiller mortuaire.

Les deux frères s'étaient arrangés pour sonner, en même temps, à la porte de l'oncle Titus. Celui-ci les couvrit de baisers, mais fit tout de suite une grimace en retrouvant Jean exactement vêtu du complet avec lequel il s'était embarqué, tandis que Paul avait agrémenté sa toilette d'une calotte rouge au lieu de chapeau, d'une épingle en croissant et d'une énorme bague d'argent comme en rapportent souvent les pèlerins de la Mecque, et dont le métal a touché la pierre du tombeau du prophète.

— Voyons un peu ce que vous avez rapporté l'un et l'autre ? demanda curieusement le bonhomme.

Justement les colis s'accumulaient dans le vestibule. Tous à Paul ces colis! Jean n'avait qu'une valise, celle qu'il avait avant son départ, un peu grossie par des bribes de littérature. L'oncle Titus haussa les épaules en la regardant, mais il faillit tomber en extase quand Paul déballa ses richesses. Il se pâma littéralement devant les étoffes, les armes, les cassolettes et les chaussures multicolores. En dernier lieu, le faux voyageur tira, avec beaucoup d'égards, d'un papier de soie, une espèce de perruque végétale très embroussaillée et la tendit à son oncle. C'était le cadeau qu'il lui avait rapporté ; une plante qui ne fleurit que sur les bords du Jourdain. Desséchée à l'ordinaire, il suffit de la plonger dans l'eau pour qu'elle reprenne son élasticité et une sorte de vie. On en agrémenterait sa tête comme d'un toupet, qu'il suffirait de laisser celle-ci quatre ou cinq heures dans sa cuvette pour retrouver un jardin sur son crâne. C'est très avantageux pour les personnes chauves. Pour le coup, Titus, vaincu, fondit en larmes, si bien que la plante se mit à reverdir soudainement sur ses genoux. Vingt fois il serra son neveu Paul sur son cœur.

Cet imbécile de Jean n'avait pas seulement songé à lui faire le moindre présent.

V

Un doute cruel envahit l'esprit de l'oncle Titus Jean avait-il vraiment été à Constantinople. N'avait-il pas fait un autre usage de ses cinq mille francs, usage certainement coupable puisqu'il l'avait soigneusement dissimulé? Cette idée se mit à ronger la cervelle du bonhomme. Il essaya des questions à brûle-pourpoint, il tendit des pièges, il tenta d'interroger habilement Paul. Rien! Rien! toujours le même mystère.

Un jour que l'oncle et les deux neveux se promenaient aux alentours de la gare, ce qui est la distraction fondamentale en province, ils virent un groupe se former autour de voyageurs qui venaient de descendre d'un train. En badauds consciencieux ils coururent le grossir. Au centre deux Anglais y baragouinaient et avec eux une jolie fille vêtue à la musulmane. Du premier coup Paul reconnut Antonia, parée comme il l'avait laissée. L'histoire était simple : un de ces insulaires s'en était amouraché, il l'emmenait à la condition qu'elle continuât à porter le costume sous lequel elle l'avait séduit. Du reste, en lui parlant un idiome parfaitement incompréhensible, elle était arrivée à le convaincre qu'elle était, en effet, orientale. A peine eut-elle aperçu son ancien amant :

—Bonjouro, mi Caro Paulich! lui fit-elle en ajoutant une figure d'intelligence que celui-ci saisit aussitôt :

— Raviso del te visar en excellente santépoulich ! répondit Paul.

L'Anglais jaloux écoutait et regardait avec inquiétude.

Un plan infernal traversa la tête de l'oncle Titus. Il allait bien voir si Jean, comme son frère, pouvait causer dans sa langue avec une Turque.

— Tu ne dis rien à mademoiselle? fit-il à Jean. Elle a cependant l'air d'être de Constantinople, Parle-lui de sa patrie ; ça fait toujours plaisir.

— Vous êtes de Constantinople, mademoiselle?

Et Jean, parlant le meilleur turc du monde, s'avançait d'un air gracieux. Antonia le regardait avec un air hébété. Il recommença. Pour le coup l'Anglais n'y tint plus et lui envoya une gifle énorme, à laquelle l'autre Anglais ajouta un coup de pied dans ce que nous appellerons, si vous le voulez, les Dardanelles, parce que, en la saison des prunes, on en perd facilement la clef.

Ce fut une bagarre épouvantable. Jean fut arraché par Paul à ses agresseurs. Mais l'idée de l'oncle Titus était désormais fixée. Jean n'avait jamais été en Orient. Jean s'était moqué de lui. Il vient de le rayer de son testament. Heureusement que Paul est bon frère. Morale : il vaut mieux rester chez soi à gobichonner avec ses compatriotes que d'aller courir les pays lointains.

LARIPETE-PASTEUR

LARIPÈTE-PASTEUR

I

Cette histoire est rude à raconter : il fait si chaud! Mais bah! tant pis. Je n'imiterai pas la réserve de ce législateur pyrénéen et bon vivant qui attend la fin de la canicule pour renverser les ministères. Non, d'ores et déjà, je commencerai mon récit; d'autant qu'il me permettra de répondre à tous ceux qui me demandent encore quelquefois des nouvelles du commandant Laripète, excellentes gens demeurées fidèles à un vieux souvenir et dont la mémoire affectueuse me touche. Car il y a sept ans, mes amis, que je commençai de vous narrer les aventures de ce noble et malheureux militaire, le premier de mes héros que j'aurais oublié moi-même sans vous. Eh bien! rassurez-vous, le bon Laripète vit encore. Il vit même tout entier, puisqu'il n'est pas encore veuf et qu'on ne le saurait bien concevoir en dehors du mariage. La commandante a des cheveux blancs, mais elle est encore aimable. On assure que son mari a depuis longtemps désarmé. On ne m'étonnerait pas en m'apprenant qu'elle n'a pas suivi son exemple! C'est une dame respectable et très dévouée à une foule de bonnes œuvres. Mais, un joli garçon passe-t-il? un beau lieutenant surtout, en coquette tenue de congé? Un gros soupir lui soulève la poitrine (un petit n'y suffirait pas) et une flamme singulière passe dans ses jolis yeux avec je ne sais quelle ombre de mélancolie.

On a toujours vingt ans dans quelque coin du cœur

a dit un poète. Celui de la commandante, laquelle les a plutôt deux fois qu'une, ces pauvres vingt ans, semble encore fait de ces coins-là. Pour excuse, elle a gardé le charme, un charme réel fait des attirances de son regard et des caresses de son sourire. Tenez, je serais seul là-bas, dans le grand village dont ils sont, elle et lui, comme les châtelains, que je serais encore capable de faire la cour à cette persistante charmeresse. Et Laripète? m'allez-vous dire. Laripète, je vais vous en donner une nouvelle stupéfiante. Il s'est consacré aux sciences naturelles et une récente découverte est en train de le mettre au même rang que le célèbre Pasteur. Mais n'anticipons pas sur un événement qui renversera la face des choses humaines. Laripète n'a pas encore publié son grand et définitif mémoire, et tout ce que je vais vous révéler de ses éminents travaux, je le dois aux indiscrétions de son jeune collaborateur Bourgelat, une des lumières de notre jeune école vétérinaire.

II

Dans le voisinage de la maison de campagne habitée par le commandant, un couple d'amoureux convaincus et fervents occupait une maisonnette perdue dans les feuillages, mais où Laripète, néanmoins, très curieux de son naturel, pouvait l'observer quelquefois. Il le vit commencer de s'éprendre, puis s'abandonner au sentiment vainqueur dont il était dominé et faire, sous son influence, une infinité de folies. Les deux amants maigrissaient, devenaient silencieux et rêveurs, et Laripète en avait sagement conclu qu'ils vivaient dans un état fébrile agissant à la fois sur les organes de la vie de nutrition et de la vie de relation. Plus tard, ils se livraient l'un vis-à-vis de l'autre à des emportements sans raison et à des violences stupides que le commandant compara assez justement aux fureurs de la rage. L'amour, se demanda-t-il, ne serait-il pas de la même famille que la rage et n'aurait-il pas son microbe comme celle-ci? Un bacille qui s'appellerait *Amor*, par exemple, et dont les ravages expliqueraient tous les maux de l'humanité, à commencer par la chute de l'homme et à continuer par la prise de Troie? Très fier de cette idée, Laripète se garda bien de la communiquer à sa femme, mais il l'alla confier à cet excellent Bourgelat dont je vous ai déjà parlé et qui, après lui avoir d'abord ri au nez, demeura extrêmement pensif. Au fait, pourquoi pas? — « Nous allons acheter des lapins, fit le jeune vétérinaire, et nous expérimenterons suivant les procédés de M. Pasteur. » Car vous avez remarqué que le lapin est l'éternel martyr des expériences scientifiques et que c'est à lui que nous devons, en somme, les grands et admirables progrès de la médecine contemporaine. Pourquoi le choix de cet animal inoffensif voué à toutes les tortures? J'en attribue le secret à un lâche sentiment de jalousie de l'homme à l'endroit d'un animal qui, au point de vue du pouvoir amoureux, nous humilie péniblement. Car le lapin est un foudre prolifique. Il n'est que le cochon d'Inde qui lui dame le pion. Aussi, voyez-vous les bourreaux du Collège de France s'acharner aussi au cochon d'Inde depuis quelque temps.

A la grande stupéfaction de la commandante qui haïssait la gibelotte, Laripète acheta vingt paires de lapins adultes des deux sexes et en remplit un clapier installé à deux pas de son cabinet de travail. Puis, aidé du fidèle Bourgelat, il commença de piocher dans le mystère, comme tous ceux qu'étreint un amour sincère et despotique de la vérité.

III

Ce n'était pas tout d'avoir les lapins? il fallait se procurer le fameux germe éroto-rabique seulement soupçonné par le génie du commandant et entrevu par la science de Bourgelat. Tous deux jugèrent qu'il devait résider dans la région du cervelet où Gall place le siège des fonctions génésiques. L'amour « fonction d'un être vivant ! » suivant la belle expression de Bouley. Mais où trouver cet être vivant? Dans le cervelet vous dis-je, et dans un cervelet d'amoureux seulement. Laripète fit des prodiges pour se procurer des objets ayant touché au cervelet de ses deux voisins. A l'amant, il parvint à voler une casquette que celui-ci rabaissait volontiers par derrière sur sa nuque et que les moiteurs de la promenade avaient certainement imprégnée. A l'amante il déroba un fichu dont elle s'enveloppait souvent la tête pour éviter la fraîcheur du soir dans le jardin. Il fit infuser séparément l'un et l'autre, successivement dans du bouillon de veau stérilisé suivant la méthode Pasteur; puis dans du bouillon de poulet; puis enfin dans du bouillon de lapin au persil. Avec celui-là seulement un léger nuage se forma au fond du tube, mais disparut bientôt sans rien laisser de distinct au microscope. Laripète ne se rebuta pas et eut l'audacieuse idée d'inoculer de ce dernier liquide ainsi ensemencé sous la cuisse d'un lapin mâle adulte. Sept jours après l'animal tombait dans d'abominables convulsions.

— Eureka! s'écria le commandant en embrassant Bourgelat, également enthousiasmé. Et, ayant inoculé de la même façon un tas d'autres lapins, Laripète put observer les lois du mal qu'il développait avec tant de joie. Toujours au septième jour d'incubation, attaques et tortillements effroyables. Amenait-on une femelle à l'animal inoculé ? Il faisait immédiatement le gentil, devenait câlin, puis tout à fait inconvenant. Le laissait-on seul, au contraire ? il mourait le huitième jour dans une effroyable agonie.

Je glane çà et là, dans les notes de Bourgelat, quelques détails tout à fait typiques et concluants :

— Le microbe Amor est doué de sexe. Un lapin inoculé avec du bouillon masculin ne fait que des mâles ; il ne fait que des femelles inoculé avec l'autre. Inoculé avec les deux, il donne des lapereaux hermaphrodites et les signes d'une exaltation tout à fait extraordinaire.

— La proportion des petits mâles et femelles est réglée par le nombre de gouttelettes de chaque bouillon inoculées aux parents.

— Éviter l'entrée du laboratoire aux belles-mères. Un seul objet touché par elles fait tourner le meilleur bouillon et anéantit immédiatement le microbe le mieux intentionné.

— Même influence des hommes politiques.

— Si on examine au microscope une gouttelette de liquide céphalo-rachidien d'un lapin inoculé, on y distingue un microcosme de petits êtres en forme de flèche lancéolée, ce qui montre que les anciens n'avaient pas tort de représenter l'Amour sous les traits d'un enfant portant un carquois.

Etc., etc., etc.

La conclusion du mémoire de Laripète est que, comme la phtisie, le charbon, le rouget, la fièvre typhoïde, le choléra, l'amour est dû à un microbe ayant ce point commun avec le virus rabique qu'il a son siège dans le cerveau. Quand il l'annonça fièrement à la commandante, celle-ci éclata de rire et lui dit :

— Mon ami, vous vous trompez ! Je vous assure que ce n'est pas là.

IV

Quittons les hautes sphères de la science pour rentrer dans la réalité vulgaire qui est, hélas ! le dernier mot de toutes choses. Ses expériences terminées et le glorieux résultat que je viens de dire acquis, Laripète se trouva encombré d'un stock de lapins dont il ne sut que faire. Car j'ai dit déjà que ces prolifiques animaux étaient doués d'une verve productive tout à fait déraisonnable. Toujours bonne, la commandante lui proposa de les distribuer aux gens pauvres du pays qui ne faisaient pas souvent bonne chère. Laripète accepta de grand cœur cette idée charitable et une distribution solennelle de lapins eut lieu sur le perron du castel. Ah! mes amis ! comme les meilleures intentions sont souvent mal payées et que la destinée a des tours cruels! Tous ces sacrés lapins étaient plus ou moins inoculés du microbe Amor et on n'en eut pas plutôt mangé dans les familles que ce fut un débordement de passions qui dégénéra immédiatement en une licence effrénée. Tout le monde avait le diable au corps. Les vieux eux-mêmes étaient comme des fous. L'autorité dut intervenir et faire évacuer toute la région. Ce fut une imprudence. Le mal ne s'en répandit que davantage et que plus loin. C'était une bourriquade générale et tout à fait incongrue. Une Kermesse auprès de laquelle celles de Rubens sont de simples berquinades. Et, ce ne fut pas tout! La commandante avait gardé un de ces maudits animaux, le plus beau et le plus grassouillet pour en faire un pâté dont elle partagea une tranche avec le malheureux Bourgelat! Ah! nom d'un chien! Voilà mon pauvre Laripète encore!... Il arriva juste à temps pour assister à son déshonneur.

— Jour de Dieu! s'écria-t-il avec une grande colère dans la voix.

— Allons donc! Fiche-nous la paix! fit Le Kelpudubec qui le suivait, en lui mettant familièrement la main sur l'épaule. Tu n'as rien à craindre. Il y a longtemps que tu es vacciné.

LA SERVANTE

LA SERVANTE

I

C'était, il y a quatre ans, pendant les grandes manœuvres, en Bourgogne, me dit Jacques en allumant son cigare. Le commandant Laripète, qui commandait encore notre bataillon, avait reçu l'ordre de faire une démonstration sur Mâcon que nous assiégions. Bien qu'il n'eût cessé de piocher son Xénophon de toute la semaine, il s'en fut se bouter, en traversant un bois, dans le corps du général Pigelevent qui commandait l'armée ennemie, si bien que nous eussions été faits ridiculement prisonniers, si le général, qui était au fond un bon garçon et l'ami de Laripète, ne nous eût lui-même engagés à fuir héroïquement. Le résultat de cette faute de stratégie, laquelle n'empêcha pas d'ailleurs la ville de Mâcon d'être prise à cinq heures pour le quart, comme l'état-major en était convenu, fut de nous faire arriver deux heures plus tard que nos compagnons d'armes du régiment dans le village qui nous avait été désigné pour passer la nuit. Le commandant expliqua au colonel que nous avions culbuté, dans un mouvement tournant, l'avant-garde du général Pigelevent et que la courtoisie seule l'avait empêché de poursuivre sa victoire jusqu'à Beaugency, en couvrant ce militaire de confusion. Le colonel l'approuva, devant les officiers réunis, de n'avoir pas voulu mortifier un supérieur, et ce mensonge impudent faillit valoir la rosette à son auteur. En tous cas il empêcha le malheureux Pigelevent d'être nommé commandeur, comme c'était son tour. Canailleries de métier que tout cela. En attendant, Mâcon était à nous, mais mon sous-lieutenant Blanc-Minot, le maréchal des logis Foiret, le brigadier Goulard et ton serviteur étions en panne dans une auberge qui n'avait plus de lits. Une seule pièce était disponible au rez-de-chaussée, une façon de salle à manger villageoise dans laquelle on entrait par un cabinet sombre et servant de débarras. Il fut convenu qu'on m'y mettrait un matelas sur un débris de canapé, — dans la salle à manger, s'entend, non pas dans son antichambre, — et que j'y reposerais de mon mieux après que quelques reliefs auraien été servis à notre faim. Blanc-Minot, qui était un poète, avait déclaré vouloir passer la nuit à la belle étoile. Quant à Foiret et à Goulard, ils trouveraient bien deux bottes de foin dans l'écurie. — Holà! notre hôte, du jambon, du pain et du vin! Nous avions la défaite gaie, et nous bûmes joyeusement quelques bouteilles de reginglet bourguignon, un peu vert mais autrement authentique que les hauts crus chèrement vendus par les chimistes qui tiennent maintenant à Paris la place des restaurateurs. Car vous avez remarqué que le grand travers de ce siècle et son ridicule caractéristique est que chacun veut y exercer un autre métier que le sien, hormis la politique pour laquelle tout le monde se trouve bon. Nous nous levâmes de table absolument ragaillardis. Je ne fus pas sans remarquer que mes compagnons me jetaient, en me quittant, un regard d'envie auquel je répondis par un sourire de fatuité, comme il convient à un homme qui ne redoute pas la jalousie d'autrui.

II

Et parbleu! il y avait de quoi la susciter. Je demeurais seul dans la place où m'attendait vraisemblablement une victoire que les sottises stratégiques du commandant ne risquaient pas de compromettre. O la belle servante que cette Alizon et bien digne fille d'un pays où le soleil se fond en grappes savoureuses! Un beau sang vermeil comme celui des vignes mûres courait sous l'ambre de sa peau et fleurissait sur sa bouche. L'ardeur des vins généreux qui grisent mouillait de feux humides ses yeux, et de vivantes et tièdes odeurs, comme celles des cuvées, s'exhalaient de sa gorge robuste. Ses formes étaient harmonieuses et pleines comme celles des antiques amphores, avec je ne sais quoi de gaulois et de délicieusement perverti à la moderne dans le détail des contours. L'air très fier avec cela, portant sur son front l'orgueil conscient de sa beauté parmi l'écrasement d'une chevelure lourde et noire comme la charge des ceps au moment de la vendange. Quand ses beaux bras nus et hâlés nous avaient effleurés à table, chargés de pain et de bouteilles, nous avions tous senti le même frisson où s'oubliaient notre soif et notre faim. Elle n'avait d'abord daigné répondre ni aux galanteries macaroniques de Blanc-Minot qui était de nature essentiellement madrigaleuse, ni aux provocations de goût moins séraphique dont le maréchal-de-logis et le brigadier l'avaient honorée. Moi seul je m'étais tu. Ne pouvais-je attendre? L'heure venait où j'allais me trouver en tête-à-tête avec cette superbe créature. Mon silence prétentieux n'avait pas été pour amuser mes convives et je sentis un dépit manifeste dans leur serrement de main. — Heureux coquin! me dit Blanc-Minot à l'oreille en poussant un tel soupir que je crus qu'une outre d'Eole m'éclatait dans les ouïes. Je ne les retins pas, je vous prie de le croire. Car l'attitude réservée de cette fille d'auberge ne m'en imposait pas. Elle équivalait pour moi à une déclaration, puisque seul je n'en avais pas été repoussé par un méprisant silence. A peine les portes se furent-elles refermées sur eux, que je commençai à me déshabiller lentement, assis sur ma couche d'occasion et attendant qu'elle vînt desservir tout ce qui était demeuré sur la table. Elle vint, en effet, sans le moindre embarras pudique et sans avoir seulement l'air de faire attention à ma présence. La sournoise! je toussai fort à deux reprises. Elle n'y prit pas garde seulement; l'hypocrite! Cependant elle effectuait lentement son service et je n'étais pas sa dupe. J'allai donc à elle et lui tins le discours le plus passionné et le moins équivoque à la fois. A ma grande surprise, elle fronça le sourcil, se retira surchargée de flacons et d'assiettes et, comme je voulais la saisir, me poussa rudement, d'un coup de pied, la porte au visage, d'une vraie ruade de bourrique impatientée par les mouches.

III

Je revins à mon lit, assez déconfit de cet accueil. Bah! Cette fille voulait simplement se faire un peu désirer. Rouerie de paysanne! Manège provincial dont j'avais grand tort de me préoccuper. La table n'était pas d'ailleurs complètement desservie encore et il faudrait bien qu'elle revînt. Comme je me livrais à de profondes méditations sur les instincts coquets de la femme, lesquels se retrouvent, les mêmes, identiques et désespérants, chez les grandes dames et chez les souillons, partout où la beauté rayonne dans la splendeur embrasée d'un écrin ou dans la fleur d'un fumier, j'entendis un bruit de pas dans la pièce qui précédait mon gîte et dans laquelle elle avait disparu. Une agacerie certainement de cette drôlesse ; elle me narguait en m'indiquant sa présence, pour m'attirer. Je suis l'homme des résolutions soudaines ; je bondis et m'enfonçai, en tirant la porte derrière moi, dans l'obscurité de la chambre où l'on avait marché, les bras tendus, cherchant une proie qui ne se fît pas longtemps attendre à mon impatience. J'avais deviné juste! Un petit cri de femme, des épaules frémissantes entre mes bras ; un baiser aussitôt rendu que pris. Vous n'attendez pas que je vous compte le reste. Quand triomphant, fou de joie, je revins à la lumière, dans ma chambre qui me parut un temple où éclataient des hosannas, je tenais dans ma bouche, accroché à mes dents, un lambeau de fichu que j'en retirai pour le porter pieusement à mes lèvres. O pudique Alizon, il fallait donc les ombres opaques de la nuit à ta chute! Que ne l'avais-tu dit plus tôt! Ce chaste orgueil qui ne voulait pas de témoin à ses défaillances m'emplissait d'enthousiasme et redoublait le prix des faveurs obtenues.

Comme je me complaisais dans ce cantique des cantiques en l'honneur de la bien-aimée, Alizon rentra pour achever sa tâche. Rien de dérangé dans l'aspect hautain de sa personne. Aucun désordre dans sa tenue, rien qui révélât les émotions récentes; ses beaux cheveux noués comme auparavant, lui faisaient encore comme l'a dit magnifiquement Charles Baudelaire, un casque parfumé. Cette fermeté d'âme, cette impassibilité victorieuse me comblèrent d'admiration ; je m'approchai doucement, et suppliant, un genou en terre, avec l'humilité feinte d'un homme qui veut bien oublier qu'il a vaincu, je pris ses mains sans dire un mot et je les portai à ma bouche, dans un geste de remerciement passionné en même temps que d'excuses hypocrites. Mais cette main, elle la retira rudement et m'en frappa la joue si fort que le soufflet me fit passer de rouges constellations dans les yeux.

— Mais fichez-moi donc la paix ! me cria-t-elle.

Et, soufflant la bougie, elle emporta le reste de la desserte.

IV

Pour le coup, j'étais stupéfié. Mais un jeune militaire qui a lu Balzac ne demeure pas longtemps meurtri sous le coup d'une perfidie féminine. Le caractère d'Alizon m'apparut avec une impitoyable netteté, tel que le maître romancier en a donné le modèle. J'avais eu affaire à cette variété de coquines qui prend le plaisir où elles le trouvent, mais n'en acceptent jamais les conséquences ou la responsabilité, prudes et prudentes que nul, pas même leur amant d'une minute, ne saurait convaincre d'avoir failli, êtres tout sensuels et sans tendresse qui ne demandent rien d'immortel et de sacré à l'amour. Ah ! je la connaissais maintenant cette Alizon comme si je l'avais faite ! Ce n'était pas la vulgaire fille de cabaret qui accepte de tout venant bénévol un salaire honteux. Non ! c'était une gaillarde madrée, une demoiselle rusée qui voulait garder sa réputation et se bien marier dans le pays, épouser le fils du patron probablement. Qui sait, elle ne m'avait peut-être giflé si fort que pour que son prétendu entendît sonner la claque. Demain le rustre me guignerait de l'œil, avec un mauvais sourire sur les lèvres et me demanderait fallacieusement si j'avais passé une bonne nuit. Et cependant cet animal, je l'avais fait... avant la lettre. Vrai! j'étais furieux! furieux et aussi un peu désolé. Car j'en avais encore soif de cette perfide Alizon, j'avais soif de ces chairs parfumées, et ce poème de jeunesse interrompu au premier chant, me brûlait au cœur comme si un nouvel Omar y eût fait flamber la bibliothèque d'Alexandrie. C'était lâche ce qu'elle avait fait là de me laisser sur mon désir; car la femme ne peut rien inspirer de plus cruel que ce supplice du bonheur interdit aussitôt qu'accordé. Dans les amours profondes, c'est pour empoisonner une vie toute entière. L'ange qui gardait la porte de l'Eden fermé avait, au moins, la pitié de ne jamais l'entr'ouvrir pour montrer aux proscrits les splendeurs de la Patrie défendue !

Ainsi je me lamentais, demandant en vain, un peu d'apaisement au sommeil, et toutes les lâchetés du pardon me montaient à la bouche, avec un flot de baisers, pour cette cruelle qui s'était si bien moquée de moi ! Le petit jour vint enfin et Blanc-Minot entra dans ma chambre. J'avais l'esprit si plein de mon aventure que je la lui contai par le menu, en lui faisant, en même temps, une conférence sur l'infamie de la femme, laquelle infamie dépasse toutes les prévisions, et ne doit cependant jamais désarçonner un homme sensé. Mon sous-lieutenant, qui était encore un naïf, m'écouta, la bouche grande ouverte, confit en admiration pour ma science, m'enviant ce diagnostic infaillible en matière de pathologie amoureuse. Il n'eût manqué que Laripète pour me consoler par quelque effroyable ineptie... Ah! perfide Alizon!

V

Le clairon sonnait dans la petite rue du village, suivi de petits polissons aux culottes mal fermées, aux cheveux embroussaillés par le sommeil. Les grandes manœuvres n'étaient pas terminées. Transformés en armée de secours, nous devions débloquer Mâcon à onze heures quarante-cinq minutes après avoir rejeté sur notre aile gauche le général Pigelevent. Le commandant Laripète, sanglé comme un cheval limousin, jurait dans la cour parce qu'il n'avait pas reçu de lettre de sa femme. C'était bien naturel ; moi j'en avais reçu deux et Blanc-Minot trois. On ne pouvait pas non plus exiger de cette pauvre Olympe qu'elle passât sa vie à la petite poste. Ces maris sont étonnants! Je sonnai pour qu'on nous apportât, à Blanc-Minot et à moi, un bon verre de café mouillé d'eau-de-vie, ce qui est le vrai déjeuner matinal du militaire en campagne. Mon cœur battait, je l'avoue, en pensant que c'était Alizon qui allait probablement nous servir ce frugal repas. Je m'étais fait le visage froid d'un diplomate qu'on n'abuse pas avec des protocoles, et d'un sceptique qui a appris à ne plus souffrir. La porte s'ouvrit. Ce fut une vieille, fort vilaine, ma foi, qui entra, une vieille que j'avais à peine aperçue, le soir, en traversant la cuisine. Elle nous mit notre couvert, en prenant de petites allures folichonnes et gracieuses qui la rendaient plus grotesque encore. Elle minaudait visiblement et faisait la sucrée, malgré son âge et sa laideur. En passant auprès de moi, elle me frôla avec affectation, si bien que mon coude toucha le sien et mon genou son genou. Je la regardai stupéfait ; ses petits yeux gris, aux paupières rouges et clignotantes, me lançaient des regards indéfinissables où la tendresse et le regret se mêlaient avec la reconnaissance. Elle me souriait comme on sourit à ceux avec qui on a un secret, ce qui est si doux quand la bouche qui sourit n'est pas, comme la sienne, flétrie et édentée ! Un soupçon terrible me passa dans l'esprit. La vieille portait un fichu à fleurs. J'y vis un accroc et une pièce enlevée toute pareille à celle que j'avais arrachée de mes dents dans un furieux baiser. Le doute lui-même s'écroulait et la certitude était là, victorieuse, effroyable... C'était elle que dans l'ombre de la chambre voisine... ! Je n'allai pas jusqu'au bout de mon idée. Le clairon s'impatientait ; le commandant jurait plus fort ; les pas des hommes sonnaient amortis par la poussière. — Partons ! dis-je à Blanc-Minot, nous prendrons le café plus loin.

Bonne nature que ce Blanc-Minot, et que la commandante avait bien raison de me préférer déjà !

Bien qu'il crevât de soif, il ne fit aucune objection à mon impatient désir. Bien qu'il eut deux yeux excellents, il avait eu la discrétion de ne rien lire sur mon visage, du drame qui s'était passé dans mon cerveau. Comme nous nous étions remis en route, après le commandement d'usage :

— Tu es bien heureux tout de même, me dit-il, de connaître si bien les femmes !

— N'est-ce pas ? lui répondis-je avec la rage au cœur.

— Halte ! cria tout à coup le commandant Laripète. Nom d'une trique, mes enfants, nous nous sommes encore trompés de chemin ! Le diable soit de ce sacré pays !

Et il ajouta en grommelant :

— Ce n'est pas étonnant que les lettres de ma femme ne m'arrivent pas ici. Je suis sûr que les facteurs eux-mêmes ne s'y reconnaissent pas.

LE PARI

LE PARI

I

Oh ! l'antipathique nature que celle de ce vigneron des environs de Cahors qu'on appelait Anselme Putensac et qui avait bien vraiment tout ce qu'il faut pour n'être aimé de personne ! Riche, il était odieusement avare ; mari d'une fort belle femme, il en était ridiculement jaloux. Ajouterai-je qu'il sophistiquait cyniquement ses vins ? C'est menue peccadille auprès de ses autres défauts. Au demeurant, un fort déplaisant personnage, tandis que madame Putensac! ô mes enfants! un trésor de charmes grassouillets, une merveille de chair rose et blanche, un sourire fait femme comme un bouton est fait rose par un rayon de soleil. Quel malencontreux destin avait accouplé cette colombe à ce corbeau? Ce sont facéties communes chez le Dieu du mariage. M. Anselme surveillait avec la même ardeur son double bien, sa femme et ses futailles, bien plus amoureux d'ailleurs de celles-ci que de celle-là. Car vous pensez bien qu'un pareil goujat n'était pas pour ressentir les noblesses d'une passion véritable et pour vivre, comme il convient à un poète, dans la contemplation de la beauté. On prétendait même qu'il travaillait plus à ses vignes que chez lui. Si j'avais été à sa place, j'aurais volontiers abandonné les miennes au phylloxera pour me consacrer aux saintes et légitimes joies de l'intérieur. Chacun son goût. La rumeur publique était donc qu'il négligeait beaucoup sa femme. Aussi se demandait-on si, malgré toutes les précautions qu'il prenait, il n'était pas cocu comme il était bienséant, congru, obligatoire, honorable, juste, indispensable qu'il le fût. C'était, dans les cafés, un grand sujet de conversation entre jeunes habitués; on eût dit des conciles œcocuméniques. Les uns tenaient pour la vertu de madame Putensac et les autres pour le déshonneur de son mari. Antoine Sergent était des premiers et Thomas Ripette des seconds. C'était deux godelureaux fort aisés et faisant grande dépense avec les écus péniblement amassés par leurs parents. — Parions, dit Sergent à Ripette, qu'elle est sage. — Ce que tu voudras que non ! riposta Ripette à Sergent. L'enjeu fut relativement considérable. On s'en amusa beaucoup dans le pays. Putensac comme tout le monde, parce qu'on lui avait soigneusement caché l'objet de la lutte. Il savait qu'à un moment donné, un des deux perdrait pas mal d'argent, et cela lui suffisait pour l'amuser. O la vilaine bête !

II

Mais comment arriver à la certitude dans une matière où les probabilités ne suffisent pas ? — Je m'en charge, dit Ripette, qui était passablement prétentieux et avait son idée. Arrange-toi seulement pour être là quand je donnerai la preuve. — As-tu donc des soupçons sur quelqu'un que tu connais, conclut Ripette en se rengorgeant. Une semaine se passa bien tout entière sans que l'occasion cherchée par Ripette se présentât ou que son plan eût mûri. Un matin cependant, il dit à Antoine : Allons ensemble chez le vigneron. Je me charge de le faire descendre à sa cave et toi, bien caché, tu observeras ce que fera dame Putensac pendant ce temps-là. Je me fais fort de te convaincre. — Tu auras grand peine, répondit Antoine qui était décidément un naïf et tu sais que, comme saint Thomas, ton patron il faudra que j'aie vu pour croire. — Soit, animal, tu verras.

Et ils firent ce qu'ils avaient dit. Quand ils arrivèrent aux environs de la maison du sieur Putensac Antoine se dissimula et chercha un poste convenable d'observation. En rôdant, il aperçut une échelle accotée à un noyer qui surplombait le toit de son beau feuillage d'un vert sombre. Il l'enleva prestement, la rapprocha du mur et, la tête tout enfouie dans la verdure, monta jusqu'à une fenêtre qui était précisément celle de la chambre où la femme du vigneron était en train de filer. Car la pauvre créature n'avait pour distraction que ses fuseaux. Elle était, ma foi, plus adorable que jamais, dans la poussière de soleil que tamisaient les branches autour de sa croisée et qui mettait comme une auréole d'or à sa chevelure illuminée. Pour être moins audacieux que son compagnon, Antoine n'en était pas moins sensible. Il sentit son cœur battre très fort et je ne sais quelle impression à la fois délicieuse et pénible l'envahir. C'était par une belle après-midi de juin, pleine d'odeurs vivantes montant des fleurs et des herbes, pleine de chansons d'oiseaux qui toutes parlaient d'amour, traversée par un air tiède et vibrant qui grisait et faisait monter aux yeux des larmes. Antoine se trouva, sans savoir pourquoi, tout attendri et des fantaisies imprévues lui passèrent dans le cerveau.

III

Pendant ce temps, et comme il l'avait annoncé, Ripette avait absorbé maître Putensac. Le moyen n'était pas difficile. Il avait suffi de lui dire qu'il venait acheter du vin. Pour vendre une pièce de son rouge poison, le vigneron eût écouté le diable en personne. — J'ai tout ce qu'il y a de meilleur au monde, avait-il répondu à son nouveau client, et je vais quérir la clef de la cave pour vous le faire goûter... Ripette se frottait les mains pendant ce discours et faisait claquer sa langue, comme un gourmet qui se va régaler. Putensac revint bien vite et tous deux descendirent dans les profondeurs du laboratoire de celui-ci. Une première pièce reçut un coup de maillet et s'ouvrit sur un mince filet de pourpre. Ripette dégusta et demanda du meilleur. Un second tonneau reçut aussi sa petite calotte et compissa fort aigrement le sable, comme on disait au temps de Rabelais. On passa à un troisième, mais tout à coup, Ripette poussa un cri et montra au vigneron que la première tonne ouverte fuyait. Je le crois bien; l'animal! n'avait-il pas chippé la cheville au moment où le bon Putensac croyait la faire rentrer pour boucher l'huis imperceptible et ne lui avait-il pas fait donner dans le vide son coup de maillet. L'effet était prévu. Putensac se précipita vers la futaille et ferma rapidement la blessure du bois avec son pouce. De l'autre main, il fouillait désespérément dans sa poche pour trouver une autre cheville; mais rien! Au comble de l'embarras, il demanda à Ripette d'en chercher quelque autre dans la cave; mais celui-ci, tout en promenant à terre la chandelle, se garda bien d'en trouver. — Ma femme seule sait où sont les neuves! s'écria le vigneron. Allez, je vous prie, lui en demander une de ma part... C'était tout ce qu'avait voulu l'infâme Ripette, et son piège avait merveilleusement réussi. Il grimpa l'escalier comme un fou et se rua vers la chambre où travaillait madame Putensac. Car il avait précédemment fort bien étudié les êtres de la maison. Oh! il était bien tranquille! Putensac resterait plutôt quinze jours en bas que de laisser se perdre son vin.

IV

Quand il arriva à la chambre de madame Putensac, la porte se ferma vivement devant lui. Mais, comme il ne péchait pas par un excès de délicatesse et était fort pressé, il la poussa si vivement qu'elle se rouvrit. Un spectacle inattendu frappa ses yeux. La femme du vigneron avait les cheveux passablement dénoués et n'avait pas eu le temps de rajuster les boutons de sa chemise; elle était rouge comme une pivoine et tremblait, avec des yeux pleins, en même temps, de terreur et de contentement. Antoine, qui n'était pas non plus dans une tenue parfaite s'était précipité pour reprendre à la fenêtre l'échelle qui l'avait conduit au paradis. Mais un mouvement maladroit fit tomber celle-ci. La fuite était impossible. Antoine en prend son parti, et, s'avançant galamment vers son ami :

— Tu as gagné ton pari ! fit-il.

Ripette fit une grimace épouvantable. Il avait bien entendu le gagner, mais le gagner lui-même. Antoine mit un nouveau fer sur la blessure en ajoutant :

— Mais je ne t'en veux pas. Au contraire !

Ripette tout à fait désappointé — car jamais vainqueur ne fut plus déconfit de sa victoire — (s'en était-il donné du mal pour combiner une ruse qui avait réussi à autrui !) dit d'un ton résigné à madame Putensac :

— Madame, votre mari m'avait envoyé vous demander si vous n'auriez pas une cheville de rechange.

— Si fait, monsieur, répliqua-t-elle très simplement et en honnête femme qu'elle était.

Quand Ripette rejoignit Putensac, celui-ci commençait à avoir une crampe dans le bras :

— Vous arrivez à temps ! fit le vigneron.

— Vous pouvez m'envoyer les trois pièces, fit Ripette avec une joie amère. J'ai gagné mon pari contre M. Sergent.

— Ah ! ah ! le fameux pari dont on n'a jamais voulu me dire le sujet ! Mes compliments, monsieur Thomas, j'en suis aussi content que vous.

— Et vous avez raison ! conclut philosophiquement Ripette.

VERS LUISANTS

VERS LUISANTS

I

Blond, grassouillet, rose, pharmacien comme Homais, athée comme Homais, mais d'un athéisme oncteux qui ressemblait à de la dévotion, souriant ou mélancolique suivant les cas, comme tout le monde, mais à volonté, ce qui n'est le fait que des forts, occupé de plaire comme une coquette, parlant de ses remèdes comme d'incomparables friandises, méprisant les médecins, jouant à l'alchimiste, M. Potarel était la coqueluche de Champignol-en-

Vexin. Son officine à poisons ne désemplissait pas de dames. C'est qu'il avait pour toutes un mot gracieux et ne fleurait pas le lavement, comme les matassins d'autrefois, mais bien le jasmin et la rose. L'apothicaire est un personnage dans les chefs-lieux de canton. C'est, en général, l'homme politique de l'endroit, le grand électeur, celui que les candidats appellent devant la foule : Mon cher et honoré savant ! Mais M. Potarel se moquait pas mal des futurs députés, ce dont je le loue. C'est aux femmes seulement qu'il en voulait, et il avait raison ; car le moindre sourire d'une jolie bouche vaut mieux que les plus chaudes poignées de main d'un vieil ambitieux. Pouah ! Il était bavard, notre ami, et savait tout ce qui se passait dans les familles. Car il n'était pas infecté de l'esprit de caste et causait aussi familièrement avec les bonnes qu'avec leurs maîtresses. Un sage, quoi ! Vingt ans et de jolis nénés ne seront jamais une entité sociale. Au moment où Eglé, la camériste de madame Buridan, laquelle Eglé semblait venir à point pour confirmer mon dire, tant elle était accorte et « joliment testonnée », pour parler comme nos aïeux, au moment, dis-je, où Eglé entra dans sa boutique, M. Potarel, debout devant un mortier, était en train de composer une délicieuse pâte phosphorée à faire mourir les rats, pâte que lui avait commandée, en personne, la belle comtesse de Château-Veyssière dont les appartements, sis au cœur d'une ancienne forteresse, étaient envahis par ces vilains rongeurs.

II

— Bonjour, ma belle enfant. Comment va-t-on chez-vous ? Voyons l'ordonnance.

Eglé tendit le papier en comprimant son envie de rire.

— Une crème émolliente au beurre de cacao, cérat onctueux ; bon ! je vois ce que c'est, reprit l'apothicaire d'un air capable. Nous y ajouterons une pointe de benjoin pour parfumer et cautériser doucement. Et pour qui, s'il vous plaît, ce savoureux mélange ?

— Pour madame.

— Où donc compte-t-elle en faire usage ?

Eglé rougit et balbutia, tout en continuant à se mordre les lèvres :

— C'est après une partie de cheval. Il paraît que celui de madame avait le trot très dur. Mais, en rentrant, elle ne pouvait plus s'asseoir. Elle a été obligée de coucher toute la nuit sur le ventre. C'était pitié de l'entendre se lamenter. Elle dit que c'est presque à vif.

— Ce n'est pas avec son mari, bien entendu, qu'elle avait fait cette équestre promenade ? insinua M. Potarel, tout en se mettant en devoir d'élaborer le liniment commandé et en s'empressant comme un hanneton autour de ses pots et de ses fioles.

— Que vous êtes méchant ! répondit Eglé. Non, c'est avec le capitaine Bastard, qui est ici en congé de convalescence et qui aide madame à passer le temps.

— Et monsieur, que fait-il pendant ce temps-là? poursuivit le curieux apothicaire, en bousculant tous ses ustensiles devant lui, pour bien montrer le zèle et l'empressement qu'il mettait à sa besogne. Car vous n'êtes pas sans avoir remarqué que les pharmaciens font payer chacun des mouvements qu'ils font en vous servant : C'est tant pour le coup de pouce au bouchon, tant pour le petit papier de couleur qu'on plisse dessus, tant pour la petite ficelle rouge dont on le fixe à la base, tant pour le cachet dont on ferme l'enveloppe finale..., etc. Si bien que le remède est presque toujours par dessus le marché de leur peine, ce qui leur permet de le faire payer ce qu'il leur coûte, honnêtement. Tout est main-d'œuvre chez eux... comme au temps de Molière.

— Mais monsieur est très content, répondit Eglé. Vous savez que M. Buridan adore l'histoire naturelle. Pendant que le capitaine Bastard le débarrasse de madame, il herborise avec son neveu Gontrand. Ils coupent des petites herbes et embêtent un tas d'insectes qui ne leur ont rien fait. Ils collent les herbes dans de gros bouquins et ils piquent les bêtes sur des bouchons. En voilà un plaisir d'abrutis!... Ah! monsieur Potarel, voulez-vous finir! Je ne viendrai plus chez vous !

Et Eglé repoussait, assez mollement d'ailleurs, les entreprises hardies du beau pharmacien qui, sous prétexte de lui donner de la monnaie, l'avait attirée jusqu'au seuil ombreux de son laboratoire. Honni soit qui mal y pense ! Ce sont leurs affaires et non les nôtres. Elle rentra chez elle, ou même chez sa maîtresse, un petit pot à la main revêtu d'autant de sceaux qu'une bulle papale, et nous n'avons pas à en demander plus long.

III

Le soir est venu et nous sommes chez les Buridan — une propriété considérable mais d'un luxe bourgeois tout à fait odieux. M. Buridan était un notaire retiré, mari d'une femme beaucoup plus jeune que lui. Il manquait prodigieusement d'idéal, ce tabellion enrichi, et il avait fait sa maison à son image, comme le limaçon abject dont la coquille moule exactement les corps visqueux. C'était cossu en diable, mais d'un goût affreux, et nul exquisité d'art ne déshonorait ce chef-d'œuvre de platitude. Madame Buridan, qui avait sa pointe d'au-delà comme les femmes même les plus ordinaires, s'y déplaisait beaucoup et en était excusable. L'arrivée du capitaine Bastard, un fort beau gars, avait fait diversion, pour elle, à leur vie absolument monotone et ennuyeuse. Ils prenaient l'un et l'autre un grand plaisir, comme vous l'avez deviné, à tromper ce prosaïque Buridan qui ne méritait pas autre chose. Ils avaient, pour cela, un parc immense entourant le corps de bâtiment, plein de sinuosités profondes, avec de tortueuses allées couvertes, des taillis impénétrables, des bosquets fermés et tout cela charmé par le murmure des sources, par les cliquetis innombrables et joyeux des feuillages sous la brise, par tous ces bruits adorables de la Nature qui sont comme un silence vivant. Le soir est venu, vous dis-je, avec son cortège d'enchantements, roulant une haleine de parfums mouvants, et dispersant sur les pelouses les flèches d'argent des étoiles dans une clarté insensible où les choses se devinent mieux qu'elles ne se voient. Un croissant de lune voguait en plein azur, réfléchi par les eaux de l'étang qu'il semblait fendre de sa course immobile.

O la belle heure pour aimer sous les grands arbres, dans l'enivrement de l'odeur tiède des mousses et dans le tressaillement inquiet de tout ce qui vit et aime aussi autour de nous !

IV

Suivi de son neveu Gontrand, un grand dadais en vacances, M. Buridan erre dans son parc, une boîte verte en bandoulière et un affreux filet à papillons à la main. L'animal ! il fait la chasse aux lucioles, ces terrestres étoiles dont la constellation dispersée se rallume dans les gazons. Cette poésie du soir l'incommode, la vieille bête ! Ne pouvant voler au ciel ni Sirius, ni Mercure, ni Vénus, il s'attaque aux vers luisants.

— Comme ils sont petits pour faire autant de lumière ! lui dit Gontrand.

— Dans nos climats sans doute, répond M. Buridan qui lit volontiers des livres de voyage. Mais il y en a de fort gros et très rebondis, présentant une surface éclairée de plusieurs décimètres carrés. Leur capture n'offre aucun danger sérieux, mais ils poussent une petite clameur caractéristique au moment où on les saisit, un bruit sec comme un tout petit coup de pistolet.

Et, comme ils marchaient ainsi en devisant, Gontrand s'arrêta tout à coup et montra à son oncle un spectacle qui fit lever à celui-ci les bras au ciel.

A trente pas peut-être devant eux, parmi les touffes d'herbes, sous un dais de verdure, un corps de forme indéfinissable mais projetant autour de lui une sorte de clarté lunaire, une lumière d'apothéose blanche et douce dont tous les objets voisins étaient comme argentés, ayant aussi des rayons d'azur pâle qui s'évaporaient comme dans une fumée.

— Une luciole d'Amérique! murmura le jeune crétin.

— Chut! fit M. Buridan.

Et tous deux, à pas de loup, sans bruit glissant comme des ombres, prenant des détours qui dissimulaient leur marche, ils s'avancèrent, piano, piano! Quand ils furent à portée, le vieux notaire abattit violemment son filet que soutenait une très longue gaule.

— Pan!

Le petit bruit caractéristique annoncé. Puis une rumeur terrible sous le feuillage, un écrasement d'herbe, le bruit d'une fuite.

Le notaire et son neveu restaient cois. Le filet étreignait le vide.

Avez-vous deviné ce qu'était cette luciole monstrueuse miraculeusement disparue? Tout simplement le pauvre derrière endolori de madame Buridan que celle-ci avait mis au frais tout en causant avec le capitaine. Ce galantin de Potarel, en coquetant avec Eglé, ne s'était-il pas trompé de mortier et n'avait-il pas envoyé à la femme du tabellion, la pâte phosphorée destinée aux rats de madame de Château-Veyssière! La pauvre dame s'en était consciencieusement frottée où vous savez, si bien qu'elle emportait, avec elle, dans sa jupe, et sans s'en douter, un véritable feu de Bengale. Et se sentant surprise, la terreur lui avait arraché le soupir qui avait complété l'illusion de M. Buridan. Car celui-ci n'en est pas encore revenu. Il rédige en ce moment un Mémoire pour l'Académie des sciences, et il pourrait fort bien y recevoir une médaille d'or pour avoir constaté, en plein Vexin, la présence d'un animal attribué jusque-là aux États-Unis.

LA GÉANTE

LA GÉANTE

I

Oui, mesdames et messieurs, bien qu'âgée de vingt-deux ans à peine, cette jeune personne pèse le poids extraordinaire de cent soixante-dix kilos. Elle n'en est pas moins bien proportionnée et parle deux langues. Après avoir mérité les suffrages de toutes les cours d'Europe et des tous les savants étrangers, elle n'a voulu recevoir qu'à Neuilly la consécration de sa renommée ! C'est dix centimes par personne.

Entrrrez, mesdames et messieurs, on commence l'explication à l'intérieur !

Et M. Catinet, ancien notaire, ayant eu des malheurs et devenu impressario forain, tapait majestueusement, du bout de sa baguette, l'image flottante sur la toile et monstrueuse du phénomène annoncé, tandis que Taupin, un affreux moricaud, précipitait sur la peau sonore d'un tambour le roulement de deux méchants morceaux de bois. Tout autour d'eux, c'était le vacarme de la fête, l'effroyable symphonie des trombones s'étirant dans l'air déchiré, des grosses caisses s'essoufflant, des cymbales éternuant, des clarinettes geignant et des orgues excitant l'impassible course des chevaux de bois ; c'était aussi le parfum mêlé des beignets en plein vent que sucre la poussière, des galettes chaudes où triomphe la margarine et des verdures proches du bois de Boulogne qu'un souffle du soir apportait ; c'était aussi le fourmillement odieux de la foule, un océan de têtes d'où, comme des îlots mouvants, émergeait la charge vivante des fiacres découverts où des filles et des crétins bien faits pour leur tenir compagnie jouaient du mirliton, lentement emportés sous la lumière vacillante des lampions. Et cela durait deux kilomètres de long, entre deux bordures de saltimbanques et de boutiques, d'entrepreneurs de jeux et de montreurs de curiosités, dans un piaillement d'oiseaux captifs que réveillait le mobile rayonnement des feux électriques, dans un gémissement de grands fauves humiliés sous le fouet des dompteurs. Et le crépitement des tirs ! Et le claquement interrompant le roulement des loteries ! Rien ne manquait à la gaîté publique.

Au dedans de la petite tente devant laquelle nous vous avons montré MM. Catinet et Taupin, la belle Brabançonne somnolait doucement, en attendant que le public au dehors fût assez nombreux pour qu'il y eût lieu de donner une représentation. Elle somnolait sur sa haute chaise, sous un dais de calicot rouge et derrière les rideaux déteints qui servaient de porte mobile à ce sanctuaire. Très décolletée, chaussée de bottes carminées avec des bas de coton à jour, elle portait une robe de satin qui avait été bleue, sous la Restauration, et une lourde chaîne de chrysocale attachait à son corsage une montre imaginaire. Elle n'avait pas d'ailleurs sa pareille pour sourire aussi longtemps que durait l'exhibition de ses charmes plus abondants que choisis, et pour prononcer la phrase sacramentelle : « Et maintenant, je vais vous montrer mon petit mollet. »

Au demeurant une femme colosse, consciencieuse et sachant son état.

II

Donc, elle somnolait, quand un coin de la toile qui servait d'enceinte à cette salle de spectacle primitive, meublée de quatre bancs vides, se souleva furieusement ; un homme en sortit en s'écrasant pour la tenir au-dessus de sa tête et bondit à l'intérieur, pâle, essoufflé, les vêtements en désordre et coiffé d'un chapeau assez semblable à un soufflet de forge. Interrompue dans sa rêverie, la belle Brabançonne ouvrit brusquement les rideaux de son reposoir, poussa un cri et se leva épouvantée : — De grâce, ne me perdez pas, mademoiselle, supplia l'inconnu d'une voix étouffée. Je suis poursuivi par un mari jaloux. Donnez-moi asile! Cachez-moi! Mon portefeuille, ma bourse, ma montre, tout est à vous, et je vous ferai encore des billets si vous l'exigez.

Les grosses personnes ont généralement bon cœur. Logé plus à l'aise que chez les maigriotes et plus éloigné du vésicule où s'élabore le fiel, cet organe s'ouvre volontiers, chez elles, aux aimables sentiments de la tendresse et de la pitié.

Méfiez-vous donc des chafouines, mes compagnons, et choisissez vos maîtresses, voire vos femmes bien plus encore, parmi les belles créatures monumentalement taillées en chair savoureuse. Outre que le champ des plaisirs permis y est plus ample, vous trouverez que leur valeur morale est en proportion de leur abondance physique, ce qui est pour moi une des grandes sagesses de la nature, qui veut que quantité et qualité chez la femme aillent de pair ici-bas. Après avoir jeté sur le malheureux un regard baigné de compassion, elle frappa à la devanture du théâtre. M. Catinet arriva. Il prit d'abord un air de fureur vertueuse en apercevant un homme dans le temple de la Vestale dont il s'était fait le gardien.

Mais l'inconnu ayant recommencé son boniment, en y ajoutant la pantomime d'un monsieur qui n'a rien à refuser à ses sauveurs, M. Catinet s'humanisa. Il eût été digne d'être le directeur d'une de nos grandes scènes, tant il était fait, à la fois, de dignité et de friponnerie. Il accepta sans hésiter le portefeuille, la bourse, la montre du quidam et ne refusa pas davantage une fort belle bague. En même temps, il le regardait et, son plan tracé, tout prêt à être déposé chez un tabellion:

— Maintenant, monsieur, dit-il, le moyen le plus sûr est que vous preniez les vêtements et la place de mademoiselle. Vous êtes grassouillet, imberbe et assez appétissant de ton. Vous ferez une excellente géante. Agissez vite, pendant que Taupin s'escrime sur sa caisse et que moi-même je vais reprendre l'annonce interrompue. Mademoiselle va vous apprendre ce que vous avez à dire et à montrer et ira se promener ensuite. Je n'ai pas besoin de vous recommander de vous conduire en femme du monde avec les clients.

Ravie d'avoir quelques heures de liberté, la belle Brabançonne ne se le fit pas dire deux fois. Un instant après, sa coiffure de plume, sa robe d'azur, sa chaîne de toc, ses bas transparents avaient passé sur la tête, les épaules et les jambes de son remplaçant.

— Bonne chance! lui dit-elle en disparaissant affublée d'un vieux waterproof qui la couvrait tout entière.

III

Avoir lu, le matin même, dans le *Journal officiel*, sa nomination au poste de substitut du procureur de la République dans une de nos grandes cités provinciales, et se trouver le soir, décolleté, empanaché comme une autruche, perché sur l'estrade d'une baraque foraine et obligé de montrer son mollet à tous les militaires, en leur disant : « Vous pouvez tâter, ça ne vous brûlera pas les doigts... » Quel rêve ! ou mieux quel cauchemar ! Défendre sa cuisse contre l'impertinence des indiscrets, quêter des sous dans une tirelire et entendre les plaisanteries cochonnes des gens mal élevés, quelle aggravation d'une situation déjà difficile ! Comment M. Alcide des Oursins en était-il venu là ? par l'inconduite, morbleu, et ne comptez pas sur moi pour le plaindre. Pourquoi, tout en préparant son doctorat en droit, avait-il fait une cour absolument dénuée de platonisme à la femme de son hôtelier, à madame Bazèges ? Je sais bien que celle-ci était charmante, et que Bazèges était remarquablement idoine au noble état de cocuage. Mais le mariage est une institution sacrée, nécessaire au bien des peuples et que ceux-ci ont grand souci d'améliorer à mesure qu'ils se civilisent. C'est ainsi que nous lui devons aujourd'hui les bienfaits du divorce, ce qui ajoute encore à la somme de ses mérites antérieurs. Je vous répète que M. des Oursins était inexcusable.

Il n'est pas d'ailleurs de secret éternel autour des amours coupables. Il était clair, pour Alcide, depuis plusieurs jours, que Bazèges avait tout appris, bien qu'il ne témoignât rien de son légitime ressentiment. Mais les colères rentrées des maris trompés n'en sont que plus redoutables. Pour se distraire de ses terreurs, Alcide était allé à la fête de Neuilly. Qu'avait-il aperçu au détour d'un manège? L'homme même qu'il fuyait, et il lui avait trouvé un air sombre qui ne promettait rien de bon.

Etant parvenu à s'esquiver, il l'avait revu plus sinistre et plus menaçant aux abords d'un panorama. Il était clair que Bazèges le suivait. M. des Oursins avait le courage civil, celui que les poltrons ne manquent jamais de s'attribuer. Affolé, il avait voulu disparaître à l'instant et, se glissant entre les baraques, était venu s'acculer à celle de la belle Brabançonne. Vous savez le reste. Ah! la soirée lui parut longue, à exhiber sa jambe à toute la garnison de Courbevoie! Enfin le bruit de la foule était moins dense; les lumières de la fête pâlissaient. M. Bazèges était rentré chez lui sans doute. Dans un instant il en aurait fini avec ce déguisement grotesque et cette ridicule occupation. Et il prenait patience, tout en répétant à chaque nouveau venu : « Vous pouvez tâter mon ami, ça ne vous brûlera pas les doigts!..... » En attendant qu'il défendît, magistrat austère, la société dans les prétoires départementaux.

9

IV

Comme la représentation allait finir, les doigts endoloris de Taupin ne tirant plus du tambour que des roulements d'agonie et M. Catinet, lui-même, défendant mal son annonce en plein vent, d'un enrouement qui lui donnait la voix d'une crécelle, un homme grave dont le collet relevé dissimulait les favoris s'approcha de l'impresario. Sans dire un mot, il lui glissa un louis dans la main en échangeant un regard d'intelligence avec Taupin. C'était Taupin, en effet, Taupin absolument ignorant de ce qui s'était passé à l'intérieur de la baraque, qui, dans la journée avait instruit ce personnage du prix des faveurs secrètes de la belle Brabançonne. Car vous savez que ces femmes géantes sont poursuivies par un tas de maniaques. M. Catinet, à qui aucun métier ne faisait peur et qui partageait, sur l'odeur de l'argent, les idées de Vespasien lui-même, était l'intermédiaire naturel de ces négociations d'un goût fort douteux. Bien qu'habitué donc à ce genre d'affaires, son clerc ne l'ayant pas tenu au courant de celle-ci, l'air étrange de l'inconnu fit penser à Catinet tout autre chose. Il s'imagina que c'était le mari jaloux qui s'était fort bien aperçu que l'amant poursuivi s'était caché dans son théâtre et qui venait le prier de le lui livrer moyennant gratification. Et pourquoi pas ? C'est servir la morale qu'aider au châtiment de l'adultère. Le vieux gredin prit donc l'argent et, amenant doucement son nouveau et généreux client, jusqu'au bout de la toile extérieure, il lui montra, derrière les planches, la lourde voiture qui lui servait à lui et à ses pensionnaires, de maison roulante : — Là, lui dit-il, dans un instant.

Et, un instant plus tard, en effet, tandis que M. des Oursins, la recette terminée, se dépouillait à la hâte de ses oripeaux, dans le chariot couvert, heureux d'en être quitte ainsi, un bruit se fit derrière lui et un gros baiser lui sonna sur l'épaule, tandis que sa main était tendrement saisie. Il se retourna stupéfait et se trouva vis-à-vis de M. Bazèges. Celui-ci, à son tour, poussa un cri de stupeur et faillit tomber à la renverse. M. Bazèges, en effet, qui avait le goût fâcheux des colosses, et que les appas copieux de la belle Brabançonne avaient séduit, croyait avoir été introduit auprès d'elle. Car il était à cent lieues de se douter des infidélités de madame Bazèges, et ce que cet imbécile d'Alcide avait pris pour la sourde fureur d'un jaloux, était tout simplement la préoccupation où nous met le désir obstiné d'une femme nouvelle. Ils restaient donc cois en face l'un de l'autre. Il est des situations où tout est préférable à une explication catégorique. Ils eurent l'esprit de le sentir. — Bonjour, cher ami, dit Alcide à son hôtelier, après un long silence. — Bonjour, mon bon monsieur des Oursins, répondit celui-ci sur le même ton, c'est-à-dire comme si leur rencontre était la plus naturelle du monde. — Si nous allions prendre un bock ? — Volontiers.

Et Alcide ayant terminé sa toilette, j'entends

étant rentré dans ses habits masculins, ils s'éloignèrent bras dessus bras dessous en devisant affectueusement.

M. Catinet fut enchanté de sa journée.

EN WAGON

EN WAGON

I

Nous étions cinq dans notre compartiment, quatre messieurs et une dame qu'aucun de nous ne connaissait et qui faisait, par cela même, notre commune curiosité. Etait-elle petite ou grande? On en pouvait juger malaisément tant elle s'était recroquevillée dans son coin où nous l'avions trouvée assise à notre arrivée. Vraisemblablement, celui qui était monté le premier après elle avait espéré se trouver seul en sa compagnie et je ne jurerais pas que le second ne l'avait suivi et imité uniquement pour le contrarier. Il y a des gens comme cela, dans l'humanité, qui ne peuvent souffrir le bonheur des autres. Quant à Jacques et à moi, nous étions entrés à notre tour et les derniers, parce qu'il n'y avait plus aucune indiscrétion à cela, et aussi parce que rien n'est mélancolique comme voyager entre hommes seulement. Joie d'eunuque, si vous voulez, mais la contemplation seule de la femme qui, suivant toutes les probabilités, ne sera jamais votre maîtresse, a encore une douceur relative. Avant de déchirer les chairs, l'aiguillon du désir chatouille agréablement la peau. La sagesse consiste à se sauver avant qu'il pénètre aux sources mêmes du sang. Oui, la rêverie banale qui vous vient d'une inconnue et d'une indifférente a encore son charme, et l'imagination trouve son compte à mille petits jeux innocents dont le plus simple consiste à déshabiller mentalement celle qui vous l'inspire. J'aurais volontiers maintenu, le cou sous la hache, que notre compagne avait de délicieuses fossettes aux épaules et plus bas, le buste un peu court, les hanches dominatrices et l'emprisonnant, à la base, comme deux anses, les assises merveilleusement charnues, les cuisses bien remplies et longues, le mollet peu accusé et le pied un peu court, mais aristocratiquement cambré. J'avais pleine confiance dans la marmoréenne solidité d'une gorge peu développée. Au fait, je ne vous ai rien dit de son visage? Blonde, d'un blond cendré, les yeux bleus sous des paupières légèrement rosées, un nez irrégulier mais charmant, la bouche d'une personne un peu rageuse et qui ne souffre pas qu'on l'ennuie.

Donc encourageante et décourageante à la fois, faite pour plaire et pour se faire craindre. Et maintenant, vous la connaissez aussi bien que nous.

II

Nous filions entre deux pentes fleuries de genêts, une double forêt aux arbres minuscules couronnés d'or clair. Parfois ces remparts jumeaux s'abaissant tout à coup et, par de larges trouées, le paysage nous apparaissait comme une mer que nous traversions d'un sillage de fumée. Les lointains étaient baignés de soleil couchant, et les ombres bleues des montagnes y projetaient de fantastiques découpures dans l'incendie des cours d'eau et le flamboiement vermeil des arbres où l'horizon avait mis le feu. Une bande de lumière exaspérée fermait le ciel, et le halètement de la machine lancée à toute vapeur nous interdisait seul le recueillement dont toutes les choses étaient visiblement enveloppées. Il est certains silences qu'on voit, lors même que des bruits étranges ne permettent pas d'en goûter la douceur. Des petits cris d'oiseaux se ralliant pour le sommeil et des appels d'angélus tintaient dans cette nature déjà assoupie. Des parfums de bruyère balancée par le vent du soir nous montaient aux narines. Tout cela était délicieux vraiment. La dame mystérieuse, comme toujours en pareil cas, s'embellissait pour nous de la beauté intime et pénétrante du décor. Tel est le pouvoir de la femme sur

9.

notre esprit qu'elle ne se saurait rencontrer dans les merveilles extérieures sans paraître les absorber toutes en elle, sans que toute clarté semble venir de ses yeux et de son front, toute suave odeur de son être, toute musique de sa voix ! Et pourtant notre compagne était demeurée absolument muette. Prenait-elle sa part de notre béatitude toute physique devant ce beau spectacle ? S'emplissait-elle, comme nous, l'âme, de ces harmonies cachées ? Se sentait-elle, elle aussi, humiliée et attendrie par ces grandeurs occidentales ? A ses oreilles, comme aux nôtres, toutes ces choses prêtes à disparaître chantaient-elles les adieux divins du souvenir ? Nous la regardions sans rien dire, mais d'accord, mus par la même curiosité. Car on peut espérer beaucoup de celles qui subissent cette poétique action de tout ce qui respire autour de nous dans l'immensité.

Tout ce que nous pûmes saisir sur son visage, ce fut de petits mouvements d'impatience, de petites, soudaines et rapides contractions nerveuses. Mon Dieu, peut-être et vraisemblablement même, était-elle tout simplement gênée par cette contemplation quadruple et obstinée.

III

La nuit était venue, lente et couronnée d'étoiles, emplissant le ciel et les eaux d'un scintillement argenté, peuplant les horizons de fantômes qui semblaient fuir à notre approche. Un beau croissant de lune, pareil à une barque d'argonautes courant vers le moutonnement d'or des constellations, voguait sur l'azur profond et sombre, et une fraîcheur marine semblait descendre de l'invisible palpitation de ses voiles.

— Quel sale tour mes parents m'ont joué en me faisant garçon! me dit à brûle-pourpoint Jacques.

— Aurais-tu donc mieux aimé être femme? lui demandai-je.

— Assurément, reprit-il.

— Pas moi! dit le major Van de Peteroth, mon voisin qui ne me remit sa carte que plus tard, un officier hollandais à la douce et martiale figure, avec de longues moustaches tombantes qui lui donnaient le profil d'un barbillon.

— Moi, peut-être! conclut l'avocat Mouillevesse du barreau de Castelnaudary, un bavard charmant dont nous ne connûmes non plus la qualité professionnelle qu'en nous quittant.

Comme vous le voyez, du premier coup, la conversation était devenue générale, — générale entre messieurs, puisque la dame, loin d'y prendre part, ne semblait même pas l'écouter. — L'exclamation incongrue de Jacques avait mis le feu à une vraie traînée de poudre et les propos se pressèrent, comme si la méditation muette qui avait précédé cette explosion, l'eût rendue nécessaire et soulageante. C'est que la bêtise humaine est une force avec laquelle il ne faut pas jouer et qui nous étoufferait certainement si la parole ne lui fournissait sans cesse une soupape d'échappement. En disons-nous, mon Dieu, de ces choses inutiles et qui ne peuvent avoir pour excuse que la pression extraordinaire d'ineptie à laquelle nous sommes soumis! Le langage est une façon de dynamomètre qui permet de mesurer notre intensité de sottise personnelle. Nous sommes bêtes à plus ou moins d'atmosphères, voilà tout.

Il y aussi la grimace de ceux qui nous écoutent qui nous peut servir à juger de notre charge inintellectuelle. Il paraît que nous étions remarquablement idiots ; car notre compagne en faisait de terribles, se remuant fiévreusement, visiblement crispée, semblant prodigieusement impatiente d'être débarrassée de nous.

IV

C'est que vous voyez aussi où nous en étions tombés, en discutant les avantages respectifs du masculin et du féminin dans notre espèce.

— Les femmes sont heureuses de nous tromper si facilement! disait Jacques.

— C'est qu'elles n'ont pas autre chose à faire, répondait le major Van de Peteroth, et si nous voulions consacrer au même art le temps que nous dépensons à étudier la stratégie et la mécanique, c'est nous qui serions de beaucoup les plus malins.

— Etre trompé est peut-être plus doux au fond que tromper, insinuait le paradoxal Mouillevesse, et demande infiniment moins d'activité et de peine.

— O fragilité de la femme ! conclus-je, en levant

les yeux vers le quinquet, qui, rouge et noir, charbonnait au plafond.

Notre voisine se leva, d'un mouvement brusque, irrésistible, impérieux qui nous fit peur :

— Messieurs, dit-elle, je n'y tiens plus !

Et comme nous allions nous excuser en chœur du langage qui l'avait sans doute blessée :

— Retournez-vous, continua-t-elle, suppliante, retournez-vous de grâce, ou lisez vos journaux !

Ce fut une révélation. Notre voisine avait besoin de la solitude relative où les épanchements de la nature se complaisent pudiquement.

— Maudite bière ! murmura-t-elle encore en s'accroupissant.

Le bruit doux et charmant d'une averse d'orage dans les feuilles, une simple ondée dont le tapis de la Compagnie dut goûter délicieusement la tiédeur.

On dit que petite pluie abat grand vent. Il faut croire aussi que grand vent termine aussi quelquefois petite pluie. Ce qui est certain c'est que la dame qui avait donné toute licence à ses pertuis naturels de s'ouvrir pour un instant ne put pas refermer à temps celui qui n'avait pourtant rien à voir à son soulagement. Une bombe d'adieu intempestive annonça la fin de ce feu d'artifice aquatique.

Malgré nous, nous éclatâmes de rire.

Mais elle, se relevant avec une dignité sévère et une majesté offensée :

— Il vous sied bien, messieurs, nous dit-elle d'un ton très sec, de vous divertir de cet accident ! Vous autres hommes, vous pouvez secouer, en pareil cas, les dernières gouttes; mais nous autres, pauvres femmes, il nous faut souffler dessus.

Et elle se rassit indignée.

— O fragilité de la femme! pensai-je encore tout bas.

— Je n'avais pas pensé à celle-là, me dit à l'oreille Jacques.

LE VÉLOCIPÈDE

LE VÉLOCIPÈDE

I

Madame veuve Bourgeois avait été certainement, à trente ans, une des plus belles personnes qu'on pût rencontrer dans les salons et au bois, où elle fréquentait dans la meilleure compagnie. Grande, d'une élégante allure, un grand parfum d'aristocratie native répandu sur toute sa personne, elle attirait à elle toutes les admirations et dédaignait d'ailleurs tous les hommages, moins pour l'honneur de feu Bourgeois, qui était une fichue bête, que pour l'orgueil de sa beauté souveraine. Ah ! quelque temps avait passé depuis celui de ces triomphes ! Mais pour n'être plus de la première jeunesse et pour toucher même au déclin de la seconde, madame Bourgeois n'en était pas moins encore une très attirante et très exquise créature. C'est le privilège des femmes qui ont été vraiment belles de le demeurer toujours. Tous ceux qui surent être de fervents amoureux les retrouvent et les revoient dans l'éclat passé de leur splendeur; elles se survivent, pour ainsi parler, dans la noblesse des traits, dans la majesté des lignes, dans le charme du regard qui conserve son empire, dans celui du sourire qui ne vieillit pas. J'ai vu d'admirables têtes couronnées de cheveux blancs et qui me troublaient jusqu'au fond de l'âme. Madame Bourgeois n'en était pas là. Elle avait conservé une magnifique chevelure aux tons changeants de rouille sombre et d'or clair. Elle était belle encore, vous dis je, très belle encore, et c'est très sincèrement que le jeune vicomte Guy des Étoupettes, en demandant sa main, eût pu s'en déclarer amoureux.

Le malheur est que la sincérité n'était pas le fait de ce jeune gentilhomme qu'une noce précoce avait violemment décavé et qui ne voyait, dans cette union avec une veuve, n'appartenant pas précisément au même monde que lui, qu'une façon de vivre encore avec quelque fortune. Car les héroïsmes de la misère étaient bien loin de son cœur. La pauvre femme était, elle, de la meilleure foi du monde et se croyait passionnément aimée. Grâce à la jeunesse qui permet bien des mensonges, M. des Étoupettes sut la maintenir d'abord dans cette illusion. Une vraie lune de miel luit pour eux au firmament souvent obstinément obscur du mariage. On était venu cacher son bonheur dans une délicieuse propriété de Bougival d'où la Seine apparaissait comme un ruban d'azur nouant des bouquets de verdure fleurie. Car nul paysage n'est plus fait d'enchantements que celui-là et nul décor ne convient mieux à la musique discrète des épithalames. La veuve était dans tous les ravissements du monde quand son époux se plaignit tout à coup de lourdeur dans la tête et de pesanteur dans l'estomac.

II

Avait-il un médecin en qui il eût toute confiance. Certainement ! le docteur Péfleury, un ancien compagnon du cercle et un camarade des promenades joyeuses qui connaissait à merveille son tempérament. Le docteur Péfleury fut mandé en toute hâte et s'enferma plus d'une heure avec son client, heure qui parut mortelle à l'inquiétude de madame Bourgois. Quand l'homme de science lui ramena son mari, il la rassura absolument. C'est le défaut d'exercice qui avait fait tout le mal. Et, comme madame Bourgeois semblait étonnée et incrédule, le docteur ajouta avec une pointe de malice du meilleure goût : « d'exercice en plein air. »
— Nous ferons bâtir un pavillon à pans ouverts au

fond du parc! s'écria l'excellente femme. Mais M. Péfleury précisa. Après avoir disserté avec aplomb sur les nerfs moteurs et leur jeu, il conclut que l'exercice à préconiser, pour le cas de M. des Étoupettes, était celui du vélocipède. Il était à peine parti que madame Bourgeois sautait en voiture et, le soir même, elle rapportait à son mari la merveille du genre, un vélocipède aérien, léger, rapide comme ces araignées d'eau dont les pattes son visibles à peine et qui glissent entre les nénuphars sans même égratigner la surface argentée des étangs. Elle aurait bien voulu que son mari l'essayât devant elle. Et M. des Étoupettes s'excusa sur les maladresses nécessaires d'un début et lui déclara qu'il ne voulait pas être ridicule en sa présence. Il s'exercerait, seul, le matin, loin de la maison, et, plus tard seulement, quand il serait devenu un cavalier accompli, il lui révélerait sont alent nouveau et jouirait de sa fierté. Elle lui fut infiniment reconnaissante de cette pensée délicate. Et le lendemain matin, en effet, dès l'aube radieuse, le comte disparaissait, traînant sous son bras son coursier d'acier, disparaissant au détour du premier bois et ne revenant que pour midi, heure du déjeuner. Madame des Étoupettes trouva la matinée longue. Mais elle se résigna en pensant que c'était à la santé de Guy qu'elle sacrifiait ses heures attristées. Quand celui-ci revint, ramenant, par son licol de nickel, son cheval mécanique, il était rouge comme une pivoine et soufflait comme un phoque, Il jeta par terre sa jolie casquette d'écuyer, se laissa choir dans un fauteuil et murmura d'une voir éteinte :

— C'est égal ! c'est éreintant ! mais comme ça fait du bien !

III

Même manège le lendemain matin. Le dimanche qui vint après, les expériences secrètes de M. le comte durèrent toute la journée... Madame faillit mourir d'ennui toute seule. Mais ne fallait-il pas avant tout que M. Guy se portât bien ? Magnanime créature ! La semaine qui suivit fut pareille à celle-là et le dimanche également. C'était un pli pris, une passion invincible. M. Guy des Étoupettes était né vélocipédiste comme d'autres naissent poètes ou musiciens. Quelquefois, dans l'intimité des conversations qui se font, la lumière sur la table de nuit, l'excellente madame des Étoupettes cherchait à faire analyser à son mari les joies qu'il goûtait dans ses courses effrénées :

— Tu n'as pas eu quelque émoi en montant dessus pour la première fois ?

— Si fait, ma chère, mais je m'en suis vite remis et d'ailleurs je ne suis resté qu'un instant.

— Et tu as recommencé tout de suite ?

— A peu près, et plusieurs fois.

— Héros d'homme, va !

Et elle embrassait son époux, et elle ajoutait pleine d'une orgueilleuse joie :

— Il faut être courageux tout de même !

— Je t'assure que non ! C'est si agréable.

Elle embrassait plus fort encore son mari et l'enveloppait d'une longue caresse. Mais, chose étrange ! à mesure que M. le comte prenait ainsi de la santé, suivant l'ordonnance de son médecin, il ne semblait pas, qu'à un certain point de vue du moins, sa vigueur s'en fut accrue. Au contraire. Je touche, à un détail délicat de la vie conjugale et je l'effleurerai à peine. M. des Étoupettes devenait extrêmement feignant au dodo. Je ne sais si je me fais bien comprendre ? Plus de pièce, une fois les chandelles éteintes, mais un long entr'acte de sommeil rythmé par de paisibles ronflements Ce n'était pas du tout l'affaire de madame la comtesse, qui ne s'était nullement mariée pour entendre jouer de l'orgue nasal, surtout aux heures avancées de la nuit. Elle s'impatientait et avait recours aux mille ruses que les femmes emploient si bien pour nous réveiller quand elles s'ennuient. Mais rien n'y faisait. M. Guy se contentait de se retourner entre les draps, sans ouvrir l'œil complètement et, dans un soupir où les mots tombaient comme des billes sur un tambour détendu, il se contentait de murmurer encore :

— C'est égal ! c'est éreintant ! Mais comme ça fait du bien !

IV

Il s'en va temps que je vous découvre un mystère que vous avez probablement flairé avec votre sagacité habituelle. Chez lui, dans sa maison, M. Guy des Étoupettes avait baptisé solennellement son vélocipède : Pégase. Mais, dans la réalité, ce vélocipède eût dû s'appeler : Mademoiselle Irma Ménichon. Car ce nom était celui de la belle personne à qui M. le comte consacrait les heures dérobées à sa légitime moitié. Vingt ans à peine, mademoiselle Irma Ménichon ! Mais une fille de Montmartre, où l'on est roublard de bonne heure. Elle jouissait déjà d'un joli capital (ne parlons plus de l'autre) qu'un vieux banquier juif lui avait laissé, et un jeune chrétien venait de se faire offrir un conseil judiciaire, rien que pour avoir la joie délicate de lui faire bâtir le joli châlet qu'elle occupait à Chatou. Vous voyez d'ici ce nez en l'air de drôlesse, ces jolis cheveux crépelés sur le front, cette bouche impertinente qu'une adorable fossette sépare de la pointe rose et mutine du menton. Elle était irrésistible. Et d'un canaille ! Guy lui trouva d'abord infiniment d'esprit. Il avait ses raisons pour ne pas être difficile En une rencontre, le long de la Seine, où il l'avait aidée à retirer sa ligne des grandes herbes qui l'avaient accrochée, il en était devenu absolument épris. C'est alors qu'il manda son conseiller le docteur Péfleury et que tous deux, dans l'entretien qui parut si long à la pauvre comtesse, inventèrent cette facétie du vélocipède qui devait permettre à M. le comte de passer le meilleur de son temps hors de chez lui. Le fait est qu'il menait ainsi la vie la plus agréable du monde. Il arrivait, chaque matin, pour le petit lever de sa maîtresse, et se gardait bien d'en profiter. Tout au contraire, transformait-il cette cérémonie en un petit coucher auprès d'elle. Mademoiselle Ménichon était parfaitement libre en ce temps-là, le vieux banquier juif étant mort, et le jeune chrétien, son autre bienfaiteur, ayant été expédié en Amérique par sa famille. C'était une excellente fille qui ne marchandait pas son temps perdu. Elle trouvait Guy assez godiche, mais ne le rendait pas moins fort heureux. Ainsi s'écoulait, parmi les fleurs, aux murmures du fleuve, dans une retraite pleine d'ombres voluptueuses, leur vie innocente, durant que le soleil montait au zénith, rayant de flèches obliques et traversant d'une invisible poussière d'or l'épaisseur illuminée et transparente des rideaux. Je ne sais rien de plus exquis que les jeux obscurs de la lumière triomphante dans la nuit volontaire où nous voudrions enfermer nos amours comme dans une tombe.

Les bonheurs les plus légitimes ne restent jamais parfaits. Quelle méchante carogne mit la pauvre madame Guy des Étoupettes au courant de cette aventure adultère ? Il y a toujours des vieilles femmes pour cette méchante besogne. Toujours est-il que tout lui fut révélé pendant une des promenades matinales de son mari. Elle en conçut une telle colère intérieure, qu'elle en perdit, pour ainsi dire, la parole et qu'elle demeura muette devant lui, des mots inarticulés et comme figés aux lèvres, quand M. Guy des Étoupettes, très joyeux et ne se doutant de rien, lui dit gaiement en rentrant et, comme à l'ordinaire, avec un bon sourire satisfait :

— C'est égal ! c'est éreintant ! mais comme ça fait du bien !

Le fait est que maintenant qu'elle savait, il ne lui restait rien à répondre. C'est éreintant, et ça fait du bien !

LA NOCE

LA NOCE

I

C'était un samedi, le grand jour matrimonial pour les petites gens qui « guaignent cahin caha leur paouvre et chétive vie », comme dit Rabelais. Le lendemain, les ateliers sont fermés et l'on peut rester plus tard au lit. Ce n'est pas raffiné de sentiment, mais à Scheweling, en Hollande, les pêcheurs ne se marient qu'en hiver parce que, m'a dit naïvement l'un d'eux, les nuits sont plus longues. C'était un samedi et, vers cinq heures du soir, les bois avoisinant la grande ville, — j'entends ceux de Boulogne et de Vincennes, — étaient sillonnés de fiacres emportant des messieurs dont les habits noirs, enfermés depuis longtemps, craquaient aux manches, et des dames gantées de blanc, le dos fleuri de palmes par un cachemire, le tout suivant de plus grands fiacres où se prélassaient des demoiselles couronnées d'oranger. Là où les cortèges avaient fait halte, on jouait au bouchon en manches de chemise et les compagnes de la nouvelle épousée cancannaient entre elles. C'est un tableau que Paul de Kock a fait cent fois et avec infiniment de vérité.

Donc, dans un de ces bois, non pas celui de Boulogne, mais de Vincennes, M. Bernard, menuisier de son état, et sa jeune femme, Agathe de son petit nom, fraîchement unis par leur maire, avaient conduit les gens de la noce comme dit la chanson. On avait copieusement déjeuné et M. Bernard qui adorait le jeu de tonneau, s'y livrait, avec délices, en compagnie de camarades d'atelier et au mépris des lois de la plus vulgaire galanterie, laquelle lui ordonnait de demeurer auprès de sa bien-aimée. Mais bast ! il aurait bien le temps de la voir dans son ménage. Et allons donc ! Il n'était pas de ces soupirants mélancoliques qui se collent aux jupes de leurs belles. Il y a temps pour tout, et il était pour le positif. Mais Agathe ?... Agathe en avait pris son parti et faisait un tour dans les allées au bras de M. Michel, un ami de Bernard que celui-ci avait chargé d'amuser son épouse. Or, ce Michel était un homme particulièrement consciencieux, et comme Agathe avait témoigné qu'elle n'aimait pas s'amuser au soleil, il lui avait cherché, au cœur des taillis des routes obscures qu'embellissait l'ombre oblique du couchant, où seule s'entendait la chanson furtive des oiseaux.

II

Le garde Anselme, habillé de vert comme un académicien ou un perroquet, différant cependant du premier en ce qu'il portait une plaque de cuivre sur sa poitrine, et, des seconds, en ce qu'il était encore moins varié dans ses sujets de conservation, faisait sa ronde, béat et souriant. Car cet excellent homme adorait ce jour de la semaine consacré aux amours honnêtes. Anselme avait une admiration sans bornes pour l'institution du mariage à laquelle il devait d'être un des plus beaux dix-cors de nos domaines nationaux. Il n'admettait rien au monde en dehors des justes noces que nous a léguées le code latin. On n'aurait pas trouvé une bourrique plus morale dans toutes les banlieues réunies. Aussi fallait-il le voir sourire aux couples légitimes, tandis qu'il avait, les autres jours, pour les malheureux concubins qu'un mauvais hasard amenait sur sa route, des sourires méprisants à les faire rentrer sous terre. Son plus grand plaisir était de guetter ceux-ci pour les pincer dans l'intempestive expression de leurs coupables tendresses. Et n'y avait-il ni supplications, ni larmes qui les pût sauver d'un procès-verbal enjolivé de détails aggravants. En vain les mille voix de la nature, celles des mousses encore froissées, des feuillages encore penchés comme des rideaux, des oiseaux dont la messe amoureuse n'était pas encore terminée, imploraient et suppliaient pour eux. Outrage aux bonnes mœurs! il ne connaissait que ça, M. Anselme. La prison! c'était son refrain.

Mais le samedi, rien de pareil à redouter. Un souffle d'honnêteté qui rafraîchissait sa vieille caboche circulait partout autour de lui. Et c'est en méditant sur ce noble aspect des choses qu'il tomba juste en arrêt sur M. Michel en train d'amuser Agathe dans un berceau naturel de verdure, j'entends de jouer avec elle au joli jeu des nouveaux époux.
— Deux jeunes mariés qui prennent un acompte! pensa Anselme, et il ajouta mentalement aussi: Pauvres enfants, soyez heureux! Sa première idée avait donc été de ne pas les déranger, mais une idée plus affectueuse encore lui vint. Ils n'étaient pas bien sur cette terre à peine couverte de gazon, sous ce dais de branchages qu'emplissait déjà le bourdonnement inquiétant des insectes crépusculaires. Sa petite maison, à lui, était à deux pas, avec une belle chambre tranquille et un grand lit. Pourquoi ne ferait-il pas une bonne action, puisqu'il s'était institué l'ange des légitimes amours? — Pst! pst! fit-il aux deux joyeurs interloqués.

III

— Par ici ! poursuivit-il. Par ici !

Agathe mourait de peur et M. Michel n'était pas à son aise.

— Ne craignez rien, continua le garde. Moi aussi je me suis marié autrefois et je ne comprends que trop votre impatience. Ce que la journée m'avait parue longue, à moi ! Tous ces indifférents qui retardent la solitude à deux, si douce, sont-ils assez insupportables ! Non seulement je vous comprends, mais je vous approuve de les avoir laissés en plan pour jouir en paix de vos nouveaux droits. Après tout, maintenant que M. le maire y a passé, vous n'avez plus à vous gêner pour personne ! Mais vous serez bien mieux chez moi et vous risquerez encore bien moins d'y être dérangés.

— Il me prend pour le mari, pensa M. Michel, et il serait tout à fait stupide de dissiper son erreur.

Mademoiselle Agathe ne pensait rien de précis, mais l'idée de continuer la partie commencée ne lui déplaisait pas. D'ailleurs ce nouveau venu était revêtu d'un caractère sacré; il portait sur lui les insignes d'une magistrature. Lui obéir était un devoir. Ils se résignèrent et suivirent M. Anselme. On gagna rapidement, par des sentiers qu'il connaissait, un pavillon rustique à la porte enguirlandée de glycines. Une fois le seuil franchi, M. Anselme les installa comme il avait projeté, leur souhaita mille choses aimables et, discret autant que paternel, s'en fut sur la pointe des pieds pour veiller à distance sur eux. L'idée qu'il servait la morale, sa marotte, et protégeait le mariage, son dada, emplissait son œil d'une fierté dont les petits éclairs y passaient comme des étincelles et les poils de sa moustache grise se dressaient avec une expression de défi, comme pour dire aux amoureux illégitimes : venez-y donc! Quand il jugea qu'il était décent que ses hôtes rejoignissent leur noce, il frappa au carreau trois petits coups mystérieux. Un instant après, M. Michel et Agathe recevaient sur le seuil sa bénédiction, et le bon garde soufflait d'aise d'avoir si bien occupé son temps.

IV

Le bruit d'une querelle le tira de son repos et l'arracha presqu'immédiatement à son vertueux rêve. Il accourut, comme c'était son devoir, et trouva, à deux pas, ses protégés à qui un grand diable était en train d'administrer une volée. L'agresseur portait le costume noir et cérémonieux des noces. La pensée du garde fut immédiate : Un guet-apens! Le cousin traditionnel évincé et jaloux qui a attendu le mari pour l'assassiner et violer sa femme sur son cadavre. J'ai vu ça à l'Ambigu. Ça me connaît. Attends un peu! Et prompt comme la foudre, il rentra en courant chez lui, décrocha un fusil chargé à l'avance de gros sel pour les maraudeurs, et pan! pan! les deux coups...

Le malheureux M. Bernard, atteint deux fois, en plein faux-filet, poussa un hurlement de douleur. — Attrape, coquin, lui cria M. Anselme pour le consoler.

Car c'était M. Bernard qui, sa partie de tonneau terminée, avait enfin cherché son épouse, inquiet et mélancolique comme Orphée demandant Eurydice aux échos. Une compagne d'Agathe, une de ces bonnes langues que je voudrais voir je sais bien où, lui avait tenu quelques propos à double entente sur la fuite de sa femme avec M. Michel sous les grands bois. Le menuisier, qui avait un peu bu, s'était monté la tête, pensant d'ailleurs que sa femme la lui montait également d'un étage.

En la rencontrant au bras de Michel, près de la maison du garde, alanguie et délicieusement penchée, il n'avait pu se contenir. Indé le tapage, à la fois couronné et interrompu par le double coup de feu de M. Anselme. Or, pendant que Bernard, intérieurement salé et lanciné de douleurs atroces se roulait par terre, M. Anselme emportait dans ses bras Agathe presque évanouie, puis venait tendre un cordial à M. Michel dont la trique du menuisier avait légèrement écorché les reins. — Ça ne se passera pas comme ça! Mes enfants, leur disait-il, ça ne se passera pas comme ça! Je vais rédiger mon rapport, tout à l'heure, et faire diriger cette canaille vers l'infirmerie du Dépôt. En attendant, reposez-vous encore chez moi! na! na! mes petits mignons.

Cependant, les autres gens de la noce étaient

accourus au bruit. Ils se pressaient autour de Bernard. M. Anselme voulut les faire évacuer. — Mais c'est le mari, lui criait-on. — Allons donc! Le mari! Il est là chez moi, avec sa femme! Il lui fallut bien cependant en croire la clameur populaire. Sa stupeur fut telle qu'on crut qu'il allait devenir fou. Bernard, qui est rancunier, a porté plainte.

M. Anselme est actuellement poursuivi pour homicide volontaire et proxénétisme. Son affaire est très mauvaise, a dit M. le juge d'instruction, et il en aurait pour cinq ans que nous n'aurions pas lieu d'en être surpris. C'est bien fait! Pourquoi se plaisait-il à tourmenter les amoureux de bohème qui se quitteront demain, mais s'aiment tant aujourd'hui!

LA VINAIGRETTE

LA VINAIGRETTE

I

Quand j'ai revu Lille, il y a deux ans, j'eus grand' peine à m'y reconnaître, tant les embellissements de la ville en avaient changé la physionomie. Le vol des tramway, sur les rails, le roulement incessant des fiacres, le mouvement à outrance de la grande cité industrielle, tout m'était curieux et imprévu. Non pas que Lille ne fût déjà, au temps de ma première et lointaine visite, un grand centre de production, mais il s'en fallait de beaucoup que la circulation y eût cette activité. Les voitures y étaient rares et on

y connaissait encore les vinaigrettes. — Les vinaigrettes? *Qué sa co?* comme nous disons à Toulouse.
— Les vinaigrettes étaient de simples chaises à porteurs mises à la disposition du public. J'en vois encore le remisage en plein vent le long du théâtre, en file. On se serait cru au temps de Molière et des petits marquis. Tout s'efface de ce qui fut le passé. Allez donc demander maintenant une vinaigrette, à Lille, et vous verrez comme on vous rira au nez..

— J'ai connu la dernière, me dit mon ami Jacques et je lui dois une des plus belles émotions de ma vie. — Histoire d'amour, sans doute? — Parbleu! est-il rien autre chose dont il convienne de se souvenir? — Et ce n'est pas trop?... — Dramatique, mon cher, grandiosement dramatique. — Je t'écouterai donc; car s'il était encore agi de quelque aventure polissonne, je t'en aurais interdit le récit. *Sursum corda!* mon compère. On nous trouvait déjà trop gaulois en Belgique, au temps du ministère libéral. Que doit penser de nous Bruxelles aujourd'hui?... Bruxelles la pudique, où jamais livre simplement léger ne s'imprima!

II

— J'allais avoir vingt ans, me dit Jacques, et j'aimais déjà. J'aimais la fille d'un pâtissier de la rue Esquermoise, une enfant aussi, très blonde, très douce, adorablement mystique et sournoise, une rose de candeur et de perversité. On lui eût donné, sans confession, le bon Dieu et le reste... le reste surtout ! Elle excellait d'ailleurs aux choses de son état et nulle part je ne mangeai d'aussi bon pain aux amandes que chez son père. Je lui avais donné mon cœur entre deux meringues ; elle l'avait accepté entre deux sourires aux clients. Ma cour se fit à coups de petits fours et je faillis en attraper une gastrite. Mais je sentais mon âme comprise et voilà qui vaut bien quelques lourdeurs d'estomac. Où nous voir quand nous fûmes d'accord? Elle habitait la pâtisserie et moi je couchais chez ma mère. Parbleu ! une chambre en ville ! Je vous en moque. C'est, en province, encore aujourd'hui, le *rara avis* du proverbe latin. On dirait, une fois hors Paris, que les gens vertueux ont seuls le droit de se coucher. Je réclame, morbleu ! pour les autres. Les gens vertueux n'ont, après tout, qu'à rester dans leurs familles. Elle avait bien trouvé le moyen de s'échapper la nuit, sans être entendue de personne, et il y avait beaux jours que je possédais un passe-partout occulte avec lequel je rentrais cyniquement à six heures du matin pour défaire mon lit et le tiédir un peu. Mais où aller pour profiter de cette liberté charmante ? J'eus une idée fatale. Je pensais à la vinaigrette toujours vide et en station à cette heure dans l'ombre monumentale de la Comédie. C'était moins spacieux qu'une chambre, mais nous étions tous les deux minces et de bonne volonté. Cette inspiration charma Victoire — ainsi s'appelait ma bonne amie — et je n'avais pas conçu ce projet que six heures après il était mis à exécution. Une heure du matin sonnait au beffroi quand nous glissâmes dans le mobile appartement, les lèvres lourdes de baisers et le cœur débordant de tendresse contenues. Elle tremblait comme une feuille sous le vent et moi je me sentais brûlé d'un feu intérieur dont les fusées me montaient, grisantes, au cerveau.

III

La nuit admirable! une nuit d'hiver pourtant, mais douce, avec des gerbes d'étoiles s'élançant de la course des nuages quand ceux-ci découvraient, en fuyant, quelque coin du ciel. Aucun bruit que le pas attardé des buveurs sortis, les derniers, de la cave des Quatre-Marteaux, où se faisaient alors de si bonnes crêpes. Puis de longs silences qu'emplissaient nos extases. Car ces entr'actes charmants de l'amour n'ont besoin d'autre musique que celle qui chante, en nous-mêmes, l'hymne reconnaissante du plaisir. Nous en étions au troisième de ces andantes intérieurs qui suivent les allegros de la passion et préparent si bien un nouveau lever du rideau, quand quelque chose d'étrange se passa fort près de nous. Une porte s'ouvrit sur la petite place, une porte aux gonds soigneusement huilés, et deux hommes en sortirent qui, certainement, cherchaient à n'être ni vus ni entendus. Après s'être assurés que le lieu était solitaire, ils chargèrent sur leurs épaules un lourd fardeau; — la lune glissa justement au moment, entre deux nuées qu'elle estompa d'argent — ce fardeau avait une forme humaine perdue dans de longs vêtements ramenés jusque par-dessus la tête. Nous commencions à être singulièrement épouvantés, mais juge de notre effroi quand nous vîmes les porteurs et le paquet s'avancer droit vers la vinaigrette où nous étions blottis. Un des hommes avait déjà une main sur la portière. Victoire poussa un petit cri de terreur. Un épouvantable juron lui répondit et, avec la rapidité de l'éclair, les mystérieux visiteurs avaient disparu, emportant leur faix; la porte s'était refermée sans plus crier qu'en s'ouvrant. Nous aurions pu croire à un cauchemar, tant cette vision avait été rapide. Mais nous l'avions eue en même temps. Impossible de douter! Bien que muets encore, nous roulions sous nos fronts la même pensée. Un crime avait été commis dans la maison voisine, et les assassins avaient projeté de cacher le cadavre là même où nous cachions nos amours.

— Partons! me dit Victoire, j'ai peur, maintenant.

— Le diable les emporte! pensai-je. Car j'avais bien des choses à dire encore à ma bien-aimée et je suis comme les politiciens qu'un discours interrompu fait mourir de rage, à cela près que mon discours était joliment plus intéressant que les leurs.

IV

Partir nous fut d'ailleurs impossible. Deux autres hommes s'approchèrent que nous vîmes à peine, ceux-là, — car la lune avait remis sur son front d'argent sa mantille noire, — en même temps, nous nous sentîmes soulevés et la vinaigrette se mit rapidement en marche dans l'ombre, nous emportant, sans que son poids eût paru étonner le moins du monde ceux qui s'étaient si impunément glissés dans son double brancard. Pour le coup, nous étions absolument abasourdis. Que faire? crier? Provoquer un scandale nocturne? Perdre à jamais Victoire et m'exposer, moi-même, aux inconvénients de l'inconnu? Il est des moments où l'inertie semble la seule ressource, où l'on espère, par une sorte de confiance aveugle, conquérir la pitié du hasard, où la volonté est si pleine de périls que la fatalité même ne se peut supposer plus redoutable. Nous n'avions plus l'énergie de rien tenter. Victoire, presque évanouie, s'était abandonnée dans mes bras et les tiédeurs vivantes de son corps charmant me ramenaient malgré moi aux amoureuses pensées. Quel que soit le destin qui menace, c'est autant de gagné sur lui que de respirer dans le même air que l'adorée, que de boire son souffle sur ses lèvres, que de frémir au toucher victorieux de sa chair. Heureux qui meurt dans ce rêve et exhale dans un baiser le dernier soupir!

La chose était d'ailleurs claire pour moi. La vérité m'était apparue bien nette. Ces hommes qui nous enlevaient étaient les complices des premiers. Ils étaient venus, obéissant à un ordre antérieur, pour emporter le cadavre, et c'est lui que, trompés par notre propre poids, ils croyaient véhiculer dans la nuit. Maintenant où allaient-ils? Ils marchaient, marchaient toujours... quelquefois ils couraient.

Que voulaient-ils faire de leur sinistre fardeau? Je m'aperçus seulement que nous passâmes une des portes de la ville. Je fus au moment d'appeler la sentinelle. Mais toujours la même terreur. Et Victoire? Victoire que son faiseur de quenelles de père croyait chastement endormie sous ses petits rideaux blancs! C'était à devenir fou. Cependant, nous étions dans la campagne. Une nouvelle éclaircie se fit dans le ciel et je vis distinctement que nous marchions vers une eau pailletée d'argent : la Deule sans doute. On entendait le bruissement de la rivière. Ces misérables allaient précipiter, sans doute, la vinaigrette dans ce gouffre. Je voulus protester. Mais Victoire affolée, cramponnée à mon cou, m'étreignit si fort que ma voix mourut dans ma gorge et que mes yeux se fermèrent, tandis qu'une prière désespérée agitait mes lèvres froides...

V

— Pan! après combien de temps fûmes-nous réveillés par le sursaut qui nous causa la pose à terre de la vinaigrette? Je n'en sais rien vraiment. Il est certain cependant que nous n'étions pas au fond de l'eau, mais dans une salle éclairée, une salle d'auberge sordide où des gens de mauvaise mine riaient et buvaient en remuant des ballots et des cruchons.

— Vous apportez madame Gervais? dirent-ils aux deux hommes qui nous avaient trimballés à travers l'espace.

— Oui, firent ceux-ci.
— A l'ouvrage, donc!

La portière s'ouvrit. Mais à peine nous aperçut-on, Victoire et moi, blottis au fond de la vinaigrette qu'un véritable vacarme se fit. En même temps les lampes furent jetées à terre. L'obscurité complète nous envahit, et un bruit de sauve-qui-peut nous laissa bientôt seuls dans le silence. J'avais pu remarquer la direction de la porte; je pris nerveusement la main de Victoire et l'entraînai. Un instant après nous étions dehors. Les nuages s'étaient dissipés et la nuit était claire. Par un pur miracle nous pûmes retrouver notre chemin. Avant l'aube, elle et moi étions rentrés au logis.

Un mois seulement après peut-être un article de journal me donna la clef du mystère auquel nous avions été mêlés. Cet article annonçait l'arrestation d'une bande de fraudeurs qui avaient installé, dans un cabaret, à une très petite distance de la ville, un véritable entrepôt de marchandises de contrebande. Ils engloutissaient celles-ci dans un mannequin figurant une vieille femme malade et emmitouflée qu'ils installaient au fond d'une chaise à porteurs, et, chaque matin, ils trompaient ainsi la surveillance de l'octroi, en lui promenant sous le nez pour la faire entrer dans Lille cette fausse paralytique à qui, disaient-ils, le médecin avait commandé des bains de vapeur. Ils appelaient, entre eux, cette monstrueuse poupée : Madame Gervais.

Ce fut une véritable révélation. Tout s'expliquait ainsi, le mieux du monde, dans notre aventure. Heureusement que nous ne fûmes pas cités en justice, Victoire et moi! Nous émigrâmes dans un kiosque à journaux que nous étions parvenus à ouvrir. Ce fut, au moins, un domicile stable sinon plus spacieux que l'autre. Mais, bah! L'amour est comme ces plantes obstinées qui fleurissent, au printemps, les trous abrupts et sans terre des murailles, si vivaces, si triomphantes, au cœur même des ruines!

L'AIR DES CIMES

L'AIR DES CIMES

I

« Au demeurant, avait conclu l'illustre praticien, l'état de mademoiselle votre fille ne comporte aucune gravité ; il est constitutif de ce que nos maîtres appelaient, avec plus de justesse qu'on ne le pense, des vapeurs. On le doit combattre par un double traitement — traitement moral, d'abord, dont les points essentiels sont la distraction et le mariage, — traitement physique concomitant et consistant dans la promenade dans un air pur et l'usage de l'anis après les repas. » Voilà ce que j'appelle une consultation. C'est que le docteur Cadet-Pépète était encore de la vieille souche des médecins à la Diaforus, lesquels dissertaient volontiers du cas de leurs malades et feignaient de s'y intéresser quelque peu. Ceux d'aujourd'hui sont plus expéditifs et dissimulent moins le but secret et unique dont ils sont préoccupés. A peine leur client leur a-t-il décrit ses souffrances, et leur demande-t-il ce que c'est, qu'ils lui répondent sans hésiter : — C'est vingt francs. Et si l'imprudent insiste en les interrogeant sur ce qu'il doit faire : — Les mettre sur la cheminée, répondent-ils sans hésiter un instant. Et voilà ce qu'ils nomment, entre eux, les progrès de la science. A ce compte, le docteur Cadet-Pépète était encore un ignorant.

Son arrêt n'en fut pas moins vivement commenté par M. et madame de la Brême, qui étaient venus tout exprès à Paris pour le consulter en faveur de leur fille, Antoinette, atteinte de dyspepsie mélancolique, au dire des médecins de l'endroit.

— Rien de plus simple que la promenade et l'anis en infusion, avait dit madame de la Brême.

— Oui, mais le mariage et la distraction ? avait objecté son époux.

C'est qu'on avait peu de fortune dans la maison, ce qui rend mal commode l'établissement d'une jeune fille, même jolie comme Antoinette, et que la petite ville de Cotignac qu'habitaient ces braves gens n'abondait pas précisément en divertissements pour la jeunesse,

— J'ai une idée ! ajouta quelques instants après madame de la Brême,

Et elle se pencha vers l'oreille de son mari qui lui répondit :

— Je crois, en effet, qu'il reluque notre fille. Mais il est bien laid et, de plus, d'extraction bien médiocre. Son grand-père était métayer du mien et il est de ceux que la République a enrichis en nous ruinant nous-mêmes.

— Ce sera une façon de rentrer dans nos biens, conclut madame de la Brême. Sa propriété est située sur une hauteur où l'air doit être exquis et il passe l'hiver à Paris où il peut mener sa femme au bal et au spectacle.

M. de la Brême demeura pensif. La méditation est à la portée de tout le monde. Ses sujets varient suivant la valeur intellectuelle de celui qu'elle envahit. La rêverie de M. de la Brême ne ressemblait en rien à celle de Blaise Pascal.

II

Celui dont ils avaient parlé et qui répondait au nom harmonieux de M. Nonette ne ressemblait, en effet, pas davantage à Apollon, mais il avait du bien et était, comme l'avaient deviné les époux de la Brême, fort amoureux de leur fille. Ce n'était pas d'ailleurs un mauvais homme, il appartenait même à l'espèce de ces vainqueurs qui, sans en vouloir davantage aux vaincus, ne demandent qu'à vivre avec eux dans les mêmes termes. Imaginez un de ces bourgeois généreux qui ont pardonné à la noblesse après avoir pris sa place. Il était même disposé aux concessions. Ce ne serait pas la peine d'avoir hérité d'un fesse-mathieu pour ne pas oser s'offrir une demoiselle de naissance. Il s'en était tenu jusque-là aux attitudes langoureuses et aux pantomimes désespérées, mais il n'attendait qu'un encouragement pour se déclarer. Malheureusement l'encouragement ne venait pas. A ses mines confites en respectueuses tendresses, mademoiselle Antoinette ne lui répondait qu'en lui montrant sa jolie nuque blonde, aux soyeux retroussis, et le salut de M. de la Brême équivalait à un joli : Mais fichez-moi donc la paix, animal !

Alors le pauvre Nonette rentrait mélancolique dans son opulente maison, sise au sommet d'une colline, d'où la vue était admirable pourtant. Il attelait à son cabriolet à quatre roues sa jument OEnone et il s'en allait, en la fouettant, au hasard, par les routes, comme pour fuir ses propres pensées et étourdir son chagrin dans une course folle. Beaucoup font ainsi qui s'imaginent vraiment engourdir leur peine et ne font que l'aviver davantage. Tels les chevreuils blessés qui, en se ruant, éperdus dans les taillis profonds, se déchirent davantage aux broussailles et n'en perdent que plus de sang. Voilà qui montre bien le néant de toutes les choses, fors l'amour d'où nous viennent toute vraie joie et toute irrémédiable mélancolie. N'eût-il pas mieux valu pour ce pleutre qu'il fût, comme ses aïeux, un simple vassal des nobles seigneurs de la Brême ? Il eût pu se glisser au château, dans quelque emploi modeste, et, là, voir tous les jours celle dont l'absence le faisait lentement mourir. Car, même sans en rien recevoir des faveurs interdites du déduit, c'est une douceur encore que contempler seulement et sentir dans le même air que soi l'amoureuse cruelle de nos rêves. Et puis, qui sait! Mademoiselle Antoinette était une fantasque... Ainsi pensait l'infortuné Nonette qui était, en même temps, un prétentieux. Aussi faillit-il tomber à la renverse de surprise et de ravissement, tout à la fois, quand, un beau jour, en pleine rue de Cotignac, où il était descendu pour faire une emplette, M. de la Brême lui tira un grand coup de chapeau, madame de la Brême lui demanda affectueusement de ses nouvelles et mademoiselle Antoinette lui décocha un sourire dont un rocher eût été fendu.

— Quoi! mademoiselle Antoinette aussi était entrée dans le complot matrimonial?

— Eh bien, oui! Les six mois de vie parisienne l'avaient tentée.

III

Grand émoi au rustique palais du sieur Nonette. Les choses ont marché vite. Les deux cas où l'on se presse le plus dans la vie sont celui où l'on désire vivement une chose et celui où l'on a une pilule à avaler. Le premier était celui de M. Nonette, et le second celui de sa future. Car on était aux fiançailles, et sa nouvelle famille à venir venait demander à dîner à l'heureux prétendant.

Avec le petit air protecteur de gens qui ont pris le parti de s'encanailler, avec la mine respectueuse d'une personne qui dit aux préjugés leur fait, Monsieur, madame et mademoiselle de la Brême avaient envahi la maison et en faisaient sournoisement l'inventaire, durant que le propriétaire, affairé de les recevoir dignement, courait des cuisines à l'office, hâtant le service, surveillant la confection des plats, se mettant en quatre, ce qui est imprudent pour un homme qui va se marier.

Le repas fut aussi somptueux qu'il se peut faire à la campagne. La basse-cour toute entière avait été mise à sac, le potager dépouillé de toutes ses primeurs. A citer entre tous un plat de flageolets cueillis une heure avant d'être jetés dans un beurre à peine épaissi. On a tort de se moquer des gens qui trouvent supérieurs à tous les autres les produits de leur jardin. Allez donc comparer les légumes ainsi récoltés au moment même de la cuisson, avec les plantes fatiguées que les goujats de la Halle tripotent depuis vingt-quatre heures ! Oui, le repas fut exquis. M. et madame de la Brême, qui n'avaient chez eux qu'un ordinaire plus que modeste, se gonflèrent à se faire éclater. Mademoiselle Antoinette, pour oublier la laideur de son futur, avait été remarquablement intempérante à table. Quant à ce pauvre Nonette, la joie lui avait été un si puissant apéritif, qu'il avait englouti les nourritures les plus immodérées. On nous la baille belle avec les amoureux qui ne mangent plus. Foin d'un cœur épris qui n'a pas pour voisin un bon estomac !

Ainsi lestés, ils se hissèrent comme ils purent dans le mylord (ainsi appelait-on, dans ce temps-là, les voitures découvertes à deux places) de M. Nonette, pour faire une promenade digestive dans les environs. La famille de la Brême occupait majestueusement le fond du cabriolet et Nonette, qui tenait à montrer ses talents de cocher après ceux de cuisinier, était monté sur le siège étroit, tournant ainsi le dos à sa bonne amie, aussi bien qu'aux proches de celle-ci. Et houp ! clic ! clac ! La jument Œnone, qui n'avait jamais été aussi chargée, trouva la plaisanterie détestable.

IV

Vous ai-je dit, qu'avant de quitter la table près de laquelle il était sournoisement revenu, après avoir donné le bras à sa future belle-mère, pour rentrer au salon, Nonette éperdu avait avidement vidé le dernier verre que mademoiselle Antoinette avait effleuré seulement de ses jolies lèvres et laissé presque plein ? Cela lui avait paru délicieux et cette folie est familière aux amoureux. Il ne s'était pas aperçu seulement du goût de la liqueur ainsi absorbée d'un seul trait et n'y avait respiré que le parfum de la bouche aimée. C'était cependant une forte décoction d'anis, que, toujours fidèle à l'ordonnance du docteur Cadet-Pépète, madame de la

Brême avait mêlée au dernier vin servi à sa fille et que Nonette venait d'absorber inconsciemment.

Mais revenons à nos gens en promenade. M. de la Brême achevait de dire à sa femme : « Si vraiment l'air de ce pays est aussi pur qu'on le prétend, ce dont nous allons juger, toutes les conditions prescrites par le médecin sont remplies, et c'est chose conclue. » Madame de la Brême avait hoché la tête d'un air d'acquiescement, et mademoiselle Antoinette avait poussé un soupir résigné.

Est-ce ce soupir qui en avait appelé d'autres, comme font les hirondelles, le soir, en traversant l'air comme des flèches qui se cherchent ? La nature est pleine de ces contagions exquises et mal définies. Mais le feu ne se propage pas plus rapidement le long d'une traînée de poudre. Sollicité ou non par le souffle sympathique de celle qu'il aimait, un souffle tout à fait gênant et intempestif gonfla le malheureux Nonette. On sait les propriétés propulsives et détonantes de l'anis. Appliquée à une cartouche de flageolets, cette amorce a des effets comparables seulement à ceux de la dynamite. En vain Nonette, conscient de la situation et de son derrière tourné vers la famille de la Brême, voulut prononcer le *quos ego* ! virgilien et tenir tête (vous voyez bien la tête que je veux dire) à l'Éole souterrain qui déchaînait en lui ses fureurs. Inutiles efforts. Il lui fallut démasquer son artillerie naturelle et le bombardement commença, inexorable, continu, impossible à arrêter. Le grincement des roues et les claquements de son fouet masquaient bien à peu près la rumeur de la canonnade. Mais ce n'est pas de bruit seulement que sont faites ces fusées intérieures. La Providence qui pense à tout a pourvu ces vents corporels d'une odeur considérable, probablement pour que les pauvres sourds puissent aussi en profiter un peu. Les premières bouffées, en heurtant en plein visage les museaux des deux vieux et le joli nez de mademoiselle Antoinette leur causèrent à tous trois un sursaut d'étonnnement. M. Nonette capable d'une telle vilenie ! Mais la persistance du parfum entretenu par le feu roulant dont le siège était celui même de leur cocher les dissuada de cette hypothèse malséante. Plus d'intermittences ! une véritable fuite.

— C'est décidément l'air de la montagne qui sent comme ça, dit mélancoliquement madame de la Brême.

— Notre Antoinette n'en aurait pas pour trois mois à vivre ici ! répondit son époux.

Tout fut rompu. M. Nonette en fit une maladie. Antoinette épousa un officier pauvre comme elle. Quant à M. de Brême, il présenta à l'Institut un mémoire battant en brèche le préjugé qui assigne aux hauteurs une atmosphère plus pure. Il y insinua, entre autres choses, qu'on respire de moins en moins agréablement à mesure qu'on se rapproche de la lune.

Et vous avez vu que, dans certains cas, c'est la vérité.

LE NOURRISSON

LE NOURRISSON

I

— « La bouche d'airain de la renommée... » venait de lire M. Badois qui nous donnait à haute voix un aperçu de son journal.
— Isidore, taisez-vous, mon ami! interrompit doucement madame Badois.
Et elle ajouta à l'oreille de madame Navarin :
— Ces littérateurs sont d'une inconvenance! « La bouche des reins ? » Mais c'est...
Madame Navarin rougit jusqu'aux oreilles. Mais

un grand vacarme fit diversion. Madame Badois sortit vivement. On entendit, à l'étage supérieur, le bruit d'une lutte et d'horribles clameurs enfantines.

— C'est Achille qui aura encore assommé son petit frère, dit très philosophiquement M. Badois et comme s'il s'agissait d'une chose absolument naturelle.

Des trépignements de pied ébranlèrent le plafond. Puis un silence. Quand madame Badois rentra, elle avait une joue très rouge et les cheveux en désordre.

— Qu'as-tu, ma chère? lui demanda son époux.
— Oh! Rien. Achille qui m'a donné un soufflet parce que je voulais lui faire entendre raison.

Et elle se rassit. Mais la porte s'ouvrit avec fracas et un jeune polisson d'une demi-douzaine d'années en jaillit, armé d'un manche à balai qu'il secoua dans tous les sens, à tort et à travers, en poussant des cris de fureur.

— Achille, mon mignon! calme-toi! s'écria M. Badois en cherchant à désarmer le drôle. Mais sa femme avait déjà reçu un énorme coup sur l'œil, et madame Navarin étouffait à grand peine les premières fusées rouges d'un saignement de nez provoqué par un horion. Jacques se frottait un tibia et moi-même je me sentais le dos affreusement meurtri. Maître enfin de son fils, M. Badois l'entraîna dehors et madame Badois se contenta de nous dire, en manière d'excuses :

— Nous ne pourrons jamais faire de ce cher enfant qu'un militaire.

— Quelle pétulance ! répondit Jacques en s'adressant à moi.

Madame Badois mit ses deux mains sur ses yeux, dans une pose de pudeur exquise et d'un ton de doux reproche.

— Oh ! monsieur Moulinot ! fit-elle. Que c'est vilain ce que vous dites-là !

Et madame Navarin rougit une seconde fois, jusqu'aux oreilles.

II

— Y comprends-tu rien ! dis-je à Jacques, une fois sortis. Voilà un homme essentiellement débonnaire, doux jusqu'à la bêtise. Car ce Badois, on lui pourrait manger la laine sur le dos, comme disent les dictionnaires. — Fichue expression, de toi à moi ; car ce qu'on mange dans le mouton, c'est les côtelettes et non la laine. Mais passons ! — Voilà d'autre part, une femme, la sienne, dont le caractère n'est pas moins calme, moins accommodant que le sien, et qui semble avoir été faite exprès pour lui, comme on pose, sur une même tablette, deux gâteaux de miel égaux l'un à côté de l'autre. Et de cet accouplement tranquille, de cet hymen si bien assorti et pondéré est sorti ce turbulent personnage, cet Achille, ce monstre !

Jacques eut un sourire qui m'agaça.

— Non, monsieur, lui dis-je encore sévèrement. Votre scepticisme moqueur est ici en défaut. Madame Badois est une femme parfaitement honnête, jamais elle n'a songé à tromper cet imbécile tentant cependant, et bien qu'elle soit, à mon goût, fort agréable, je répondrais, sur ma tête, de sa vertu.

— Ce n'est pas, en effet, la tête qui serait en jeu, reprit mon camarade, et tu ne risquerais pas grand'chose. Mais rassure-toi, et rengaîne ton serment. Bien que peu crédule en matière de fidélité conjugale, j'admets, à la rigueur, que madame Badois se fait faire des enfants chez elle, ce qui est le cas de bien des femmes plus vraiment nonchalantes que réellement éprises de leur mari. Achille est né du devoir et non du plaisir. Soit! Quoique ce soit être raisonnable bien jeune que de l'être dès le ventre de sa maman. Tu vois que nous sommes d'accord.

— Eh bien, alors, pourquoi ce rictus déplaisant?

— Parce que je sais à merveille, moi, d'où Achille tient ce tempérament diabolique, impétueux, agresseur et impossible à dompter.

— Soit! mais à la condition que tu le garderas pour toi et les lecteurs de ce livre, bien entendu, lesquels sont gens discrets et dignes de tout entendre. Car il ne s'agit pas d'attrister un homme que tu aimes et tu estimes singulièrement, un de tes grands anciens à l'Ecole, le commandant Laroze.

— Non, certes! Le plus vaillant homme de guerre et le plus loyal soldat que j'aie jamais connu. Mais comment peut-il se trouver mêlé à l'histoire de la famille Badois, qu'il ne connaît pas et dont il n'est pas connu?

— C'est ce que je vais t'apprendre.

III

— Et d'abord, poursuivit Jacques, as-tu vécu dans l'intimité de cet excellent Laroze ?

— Jamais. Nous nous sommes rencontrés à des punchs, chez des amis communs, et il m'a été, du premier coup, tout à fait sympathique. Je savais, de plus, qu'il s'était conduit comme un héros sur les champs de bataille et que néanmoins sa carrière avait été traversée par mille tracasseries administratives, qu'on avait été, à une certaine époque, jusqu'à vouloir lui faire donner sa démission. Je n'en éprouvai que des sentiments meilleurs pour un officier dont le mérite faisait sans doute des jaloux. Car si cette persécution était un fait notoire, tout le monde était muet sur les causes qui l'avaient provoquée.

— Et tu n'en sais pas plus long ?

— Non !

— On ne t'a jamais dit que ce beau et brave garçon, d'une nature exubérante et d'une gaieté communicative, tombait quelquefois dans d'épouvantables tristesses, qu'il fuyait alors ses camarades, devenait intraitable, et, ce qui est plus grave, saisissait toutes les occasions de se dérober au service, s'enfermant chez lui, alléguant des maladies invraisemblables au moment même où sa santé semblait le plus florissante, sourd aux conseils de ses chefs qui le suppliaient de ne se pas nuire à lui-même par cette étrange conduite.

— Je savais qu'il offrait quelques bizarreries de caractère, mais chacun est bien libre de garder le tempérament dont il est naturellement doué. D'ailleurs il avait peut-être quelque sujet de tristesse inconnu ?

— Tu n'y es pas ?

— Quelque déception de fortune dont il n'avait pris qu'à moitié son parti ?

— Pas le moins du monde.

— Quelque amour inconsolé dont la blessure saignait par intermittences ?

— Encore moins. Mais ne cherche pas davantage ce qu'il avait. Tu ne trouverais pas. J'aime mieux te le dire tout de suite. Il avait...

— Quoi donc !

— Il avait du lait.

Je regardai Jacques avec stupeur. Mais il reprit très simplement et nullement sur le ton de la mystification :

— Ce n'est pas le premier homme sur qui ce phénomène ait été remarqué. Des médecins de l'antiquité l'ont constaté à plusieurs reprises, et de modernes praticiens ont fait des mémoires à ce sujet. L'homme peut n'être pas simplement un mammifère platonique. Cruveilhier cite un jeune garçon qui pouvait donner un demi-litre de ce liquide bienfaisant par jour. Le dit liquide était d'ailleurs d'excellente qualité et de même composition chimique que celui de la femme. Ce pauvre Laroze ne pouvait commettre la moindre faute sans se trouver, neuf mois après environ, fort engraissé des pectoraux, lesquels devenaient pesants, douloureux par le bout et comme tuméfiés. Puis sa chemise se tachait de jumelles épaisseurs, et il avait grand'peine à réprimer le torrent nourricier dont il se sentait envahi. C'est alors qu'il fuyait ses compagnons et devenait incapable d'aucun exercice professionnel, sans parler de la mélancolie où le jetait cet état et qui faisait craindre parfois qu'il n'attentât à ses jours. Frictions au persil, purgatifs salins ne le débarrassaient qu'à la longue de cette infirmité gênante pour un militaire, et ce n'était jamais sans que sa santé générale en fût altérée. Un capitaine d'artillerie... il était alors capitaine... ne peut cependant pas vivre comme une nonnain et s'obstiner aux ridicules d'une volontaire virginité.

— Le suicide vaudrait encore mieux, hasardai-je.

IV

— Il était alors, reprit Jacques, en garnison à la Fère-en-Tardenois (on lui donnait toujours les plus sales garnisons du continent) et il venait d'avoir une crise plus forte que toutes les précédentes. Il avait dû consulter un médecin civil de la localité, en ayant assez des balivernes des chirurgiens militaires. Cet Esculape provincial n'était pas un sot et trouva du premier coup, ce qu'un enfant de dix ans aurait pu imaginer comme lui. — « Capitaine, fit-il, vous n'avez qu'une façon d'en sortir, c'est de prendre un nourrisson. » Le pauvre Laroze sauta en l'air. — « Et où voulez-vous que je m'en procure un ? » demanda-t-il avec angoisse. — « Cela me regarde, reprit le docteur. Nous avons ici beaucoup de nourrices et je me fais fort d'en avoir une dès demain, qui sera charmée de se débarrasser sur vous, d'une partie de sa fatigante occupation. » Le bon médecin tint parole. Deux jours après, il avait procuré à son client le gosse dont la soif lui devait procurer un soulagement. M. et madame Badois avaient mis précisément leur fils Achille en nourrice à la Fère et ce fut le premier enfant qui prit le sein du capitaine, et celui qui le garda le plus longtemps, car bientôt la chose s'étant ébruitée dans le camp des paysannes à qui des citadins avaient confié l'élevage de leur progéniture, il n'en fut plus une à court de lait, qui ne recourût à celui de Laroze. On remarqua bientôt que tous ces galopins étaient vigoureux et batailleurs comme des diables. Achille en est un des échantillons les mieux réussis, et cela n'a rien qui doive surprendre C'est un fait avéré que la nature du lait influe sur le tempérament du nourrisson, et c'est très justement au point de vue physiologique que Phèdre se demande si Hippolyte n'a pas sucé du lait de tigresse. Dans toutes les garnisons qu'il parcourut ensuite, Laroze dut recourir au même expédient, ce qui nous promet une génération de gaillards pas commodes à vivre.

— Et de vaillants soldats, ajoutai-je martialement.

HISTOIRE INCONVENANTE

HISTOIRE INCONVENANTE

I

Je ne te prends pas en traître, lecteur que j'espère pouvoir appeler ami. Aussi bien d'autres, plus raffinés que moi, ne te ménageant pas le sel fin et attique, il ne me reste plus qu'à te servir le piment gaulois, dont quelques gousses me sont venues par l'héritage d'un mien aïeul, contemporain de Rabelais. Je ne dédaigne pas le gros sourire. Je n'ose dire qu'il soit le propre de l'homme. Mais tout dans l'homme n'étant pas propre, il en est, si tu veux, le reste. Et maintenant que je t'ai fait des excuses préalables et requis ton indulgence pour la joyeuseté, excessive peut-être, de ce récit, j'entre en matière, cette locution semblant avoir été imaginée précisément pour mon cas.

Suis-moi donc au vieux château de la Pétardière, longtemps habité par une race de preux, dont le plus anciennement connu mourut de peur du bruit qu'il fit lui-même, en s'asseyant, à Roncevaux, sur le cor de Roland; dont le plus célèbre perdit glorieusement à Pavie, en prenant le premier de la poudre d'escampette, ce que François 1er y avait gardé; sans omettre le fameux Gontran Pétaud de la Pétardière, grand oiseleur de Louis XI, spécialement préposé à la cage du cardinal La Balue, et Bernard Leloup de la Pétardière, nourrice sèche des petits chiens de Charles IX, et Guy Lechat de la Pétardière, qui rapporta de Palestine une gale dont trois femmes, les siennes, moururent successivement en se grattant. Cette suite non interrompue de héros avait porté très haut, dans les fastes nobiliaires, le nom des Pétaud de la Pétardière. Hélas ! il ne demeure aujourd'hui de tout cela qu'une des oubliettes du manoir dans laquelle un paysan sacrilège met en cave ses fromages et son vin. Aussi, pris d'horreur pour le temps impie où nous vivons, je remonte le cours des ans, et nous voici, si tu y consens, séparés par deux siècles de l'âge auquel le citoyen Joffrin rêve de donner son nom.

II

Le Pétaud de la Pétardière en vigueur, à cette époque, était un assez bon enfant qui ne rossait, de temps en temps, ses vassaux que pour s'amuser et non par méchanceté. Quant à jamber ses vassales, il n'y pensait plus depuis longtemps, étant homme d'âge et très confit en dévotion, tout comme sa femme Gertrude, une vieille chipie qui l'avait fait cocu à tirelarigo, mais s'en repentait à rosaire que veux-tu. Aussi la vie du page de la maison, le jeune et bel Izolin, était-elle la plus mélancolique du monde entre ces deux

> Débris d'humanité pour l'éternité mûrs,

comme dit un beau vers de maître Beaudelaire. En carême surtout, car maigres et jeûnes faisaient rage dans le castel, et c'était une telle débauche de farineux que le dieu Éole qui, lui aussi, s'était converti avec presque tous ses collègues de l'antique Olympe, mais discrètement et non pas comme les Juifs qui se font vingt mille livres de rente en feignant de se faire rentoiler par le baptême, venait accomplir là ses dévotions, à grand renfort de musique sacrée. Mais Izolin se moquait pas mal de cette boursouflante nourriture et cette mélodieuse alimentation le trouvait sans révolte. Il aimait ! il aimait, comme tout page au courant de son état, la pupille de dame Gertrude, damoiselle Isabeau, une fille blonde, très agréable en chair et fort habile, ma foi, à enluminer les missels. Les arts d'agréments, — et celui-là n'a pas les inconvénients du piano — sont certainement un charme chez la femme. Mais je les donnerais tous, y compris celui de harper comme Sapho ou Corinne, pour quelques centimètres d'assiette de plus. Izolin, bien que plus jeune que moi, était absolument de mon avis, et les hanches rebondies de damoiselle Isabeau lui étaient infiniment plus sensibles que son talent de peintre. Non pas qu'il en eût rien obtenu encore, mais il était plein d'espoir, et nous faisons connaissance avec eux précisément le jour où cette chaste personne lui avait solennellement promis de le venir trouver dans sa chambre, aussitôt que leurs gâteux de maîtres seraient couchés.

III

Et quelle chambre pour y recevoir une femme ! Quatre murs noirs et une couchette de bois, à peine recouverte d'une façon de matelas mince comme un papier à cigarettes, si basse sur pieds qu'il fallait commencer par se mettre à quatre pattes pour s'y étendre. Quand je dis une, une autre couchette toute pareille et également somptueuse faisait face à celle où Izolin avait coutume de prendre son torticolis quotidien, le long de la cloison opposée. Et c'était tout. Le châtelain entendait qu'on se mortifût en ce monde, surtout durant la quarantaine qui précède le saint jour de Pâques. Mais que faisait à ces enfants la pénurie des meubles ou le triste aspect de ce réduit ! N'y apportaient-ils pas en eux-mêmes un palais des Mille et une nuits, incendié de lumière et resplendissant de pierreries ? L'amour est le grand magicien qui transforme le décor sur sa route et tend partout, sur son chemin, la toile du fond du Rêve. Donc, la nuit, tant espérée, enveloppant de son ombre les tourelles du manoir, Izolin, retiré dans son appartement, était plein des frémissements délicieux de l'attente, quand la cloche tinta par trois fois. Ayant mis le nez à la lucarne, il vit le pont-levis s'abaisser et un serviteur, une torche à la main, introduire, avec forces salamalecs, un gros personnage dont le chef était coiffé d'une pointe. Cette pointe était celle d'un capuchon, et le gros personnage, un moine mendiant, qui venait demander le vivre et le couvert, l'hospitalité de quelques heures ou de quelques années, suivant la bonne volonté des clients. Le malheureux Izolin prévit immédiatement le contretemps qui le menaçait. En effet, moins de vingt minutes après, — le temps d'engloutir quelques livres de haricots, — on amenait le moine dans sa chambre, en lui enjoignant, à lui-même, d'avoir à lui offrir le grabat qui y demeurait libre. O roches tarpéiennes, voisines des capitoles ! ô vains espoirs évanouis en fumée ! un tel compagnon au lieu d'une belle compagne ! Le bruit des ronflements ecclésiastiques substitué à la musique parfumée des baisers ! Izolin fit une fière grimace. Mais il n'avait pas le choix. Après avoir très sommairement souhaité le bonsoir à son hôte, il souffla la lumière pour n'avoir pas à contempler le bedon désordonné du religieux et pour évoquer, du moins, en songe, l'image de celle qu'il aimait.

IV

Impossible ! Frère Lubricien (ainsi s'appelait l'homme de Dieu) avait le sommeil le plus bruyant du monde. On eût dit qu'il eût avalé des orgues. Bientôt des gémissements firent une basse lamentable à ses variations nasales et autres.

— Qu'avez-vous, mon père, à vous lamenter de la sorte ? lui demanda le pauvre Izolin épouvanté !

— Hélas ! mon fils, répondit le religieux, une méchante colique me met l'enfer au ventre. Je ne le saurais contenir plus longtemps.

Izolin sentit comme une fleur de vengeance s'épanouir dans son cerveau. C'était une diversion opportune.

— Mon père, fit-il d'une voix très hypocrite, je n'ai pas de lumière, mais je connais à merveille tous les détours de la maison. Si donc vous voulez vous lever et me prendre la main que je vous tends, je vous conduirai dans l'obscurité là où vous attend la délivrance.

— De grand cœur, mon fils, répondit frère Lubricien, et c'est une bonne action qui vous sera certainement comptée là-haut.

Izolin prit le moine par la manche et le promena,

un quart d'heure durant, dans l'ombre épaisse, le faisant virer à droite, à gauche, de façon qu'il ne pût plus se rendre compte du chemin parcouru et de l'endroit où il était.

— Nous y sommes, fit-il enfin. Mais n'allez pas vous asseoir imprudemment, les choses étant en grand état de vétusté. Penchez-vous en arrière juste ce qu'il faut, en vous tenant après mon cou pour ne pas choir.

Emerveillé de la charité de ce jeune homme, frère Lubricien entonna un *Te Deum* de reconnaissance.

Izolin le fit encore marcher longtemps dans la nuit.

— Couchez-vous maintenant. Vous voilà revenu près de votre lit, lui dit-il enfin.

— Grand merci encore! soupira le religieux.

Et Izolin se sauva. Il se sauva pour rire à son aise de l'idée qu'il avait eue. N'avait-il pas profité de l'inconscience absolue du moine perdu dans l'obscurité et ne se rendant plus compte de rien pour lui faire satisfaire, au-dessus de son matelas, le malhonnête besoin qu'il avait manifesté !

V

Comme il s'esclaffait tout seul dans le corridor :

— Est-ce vous, Izolin ? murmura une voix très douce.

C'était Isabeau qui, elle aussi, comme une chatte

énamourée, ne pouvant goûter aucun repos, errait à travers le castel.

Ils gémirent un instant ensemble sur le sort jaloux qui les avait si inopinément séparés. Tout à coup, un bruit épouvantable retentit. Le moine venait de lancer un ronflement à jeter une cathédrale par terre.

— Ne s'est-il donc aperçu de rien ? pensa Izolin désappointé. Eh bien !... il n'est pas délicat !

— Cet homme dort si bien ! dit tout bas damoiselle Isabeau, et la nuit est si sombre ! Nous pourrions nous glisser tout doucement et sans bruit dans la chambre. Il ne s'apercevrait de rien.

Ce menu propos faillit rendre Izolin fou de bonheur. Prenant sa bien-aimée par la main, il la conduisit jusqu'auprès de son propre lit, et l'invita à s'y faufiler la première.

Elle obéit. Mais elle n'y fut pas plutôt assise sous les draps qu'elle ne put retenir un cri d'horreur.

Cet animal de frère Lubricien, ayant cru s'apercevoir que le grabat d'Izolin était meilleur que le sien, avait profité de la courte absence de celui-ci pour opérer une substitution qu'il croyait à son avantage, le tout doucereusement et sans vacarme, comme ont coutume de faire les chatemiteulx.

Aussi la méchante farce d'Izolin avait tourné contre l'innocente Isabeau.

Celle-ci, affolée, s'enfuit de la couchette, et s'en vint, grâce à l'ombre, tomber précisément dans celle du moine. Izolin l'y poursuivit, et ce fut une véritable bataille que termina l'apparition stupéfaite du sire de la Pétardière, attiré par le vacarme, et entrant une chandelle à la main.

Très borné de nature, ce gentilhomme ne comprit absolument rien à ce qui s'était passé. Il fit des excuses au moine, donna un coup de pied au derrière à Izolin, et emmena la pupille de sa femme par une oreille. Notez que s'il eût été parfaitement au courant des faits, il n'eût pas agi autrement. C'est ainsi que la justice tombe quelquefois juste, tant le hasard est grand !

13.

AGENOR

AGÉNOR

I

Une belle matinée d'automne, avec une buée d'or pâle dans l'air traversé de mille fils de soie où la rosée avait mis une poussière diamantée, sous un ciel à peine affermi sur les fumées troublantes de l'horizon; une des dernières matinées ensoleillées de l'année. Et quel soleil! Déjà tiède et ne rayonnant plus que des mélancolies du souvenir. Tout disait, dans la campagne, les gloires mourantes de l'été: l'herbe brûlée d'où montait un parfum plus pénétrant, la petite rivière presque tarie et ne filtrant plus qu'entre des cailloux, le chant des oiseaux s'acharnant aux fruits sauvages des haies éclaircies ; par-dessus tout, le vol des premières feuilles tombées courant sur le sable mouillé des avenues. On eût dit que le vieux Jason avait étendu sur la cime des chênes la toison si chèrement conquise jadis, et les bouleaux grelottaient déjà, argentés et menus, dans les fraîcheurs aurorales. Le château des Engrumelles et le grand parc qui l'entoure dormaient encore dans cette sérénité des premières heures, ses tourelles se dégageant seules des vapeurs rosées qui montaient du fossé seigneurial où de grosses carpes sautaient, se détendant comme des arcs, puis plongeant et laissant à la surface des rides concentriques qui venaient mourir jusqu'au bord. Le château dormait, mais non pas tous ses habitants. Car voici sortir, par une façon de poterne donnant sur un pont-levis coûteusement remis en état, M. le comte des Engrumelles lui-même, botté jusqu'aux cuisses, sanglé, dans une jaquette de velours à boutons bronzés, coiffé d'une casquette ne rappelant que de fort loin le cimier de ces ancêtres, une carnassière au dos et son meilleur fusil sous le bras, en tenue de Nemrod moderne. (L'ancien Nemrod est, je le sais, représenté vêtu d'une peau de bête, mais M. des Engrumelles n'eût eu qu'à se déshabiller pour lui ressembler absolument). Son chien favori, celui qu'il rouait de coups de fouet avec le plus d'assiduité, cheminait sur ses talons et, derrière le chien, fermant la marche, son ami le vidame Agénor de Capdenac, costumé comme lui et élégamment suivi d'un toutou pensif. En atteignant l'autre rive du fossé, le vidame se détourna pour jeter sur une fenêtre du château, où un rideau tremblait, un regard furtif. J'aime autant vous dire tout de suite que cette fenêtre était celle de la chambre de madame des Engrumelles, ce qui me porte à croire qu'une troisième personne veillait, qui n'était autre que cette grande dame. Les gens vertueux ont toujours aimé voir lever l'aurore. Le diable soit du maroufle qui a dit cette bêtise-là !

— Arrêtons-nous, dit M. des Engrumelles à son compagnon. Toi, Agénor, tu battras, de ce côté, la plaine qui foisonne de lièvres et de perdreaux. Moi, j'irai de celui-là, où le gibier est infiniment moins abondant. Tu vois comme je te traite !

— Soit, répondit philosophiquement Agénor, et il ajouta sur le ton de la plus parfaite indifférence : Je te remercie.

— Vers dix heures, poursuivit le comte, nous nous retrouverons, si tu veux, au rond-point des châtaigniers, où le garde nous déchargera du poids de nos victimes. Puis nous nous séparerons de nouveau pour ne nous réjoindre ensuite qu'au château, à l'heure du déjeuner.

— Parfaitement, répliqua le vidame, sans s'émouvoir davantage.

Ils se serrèrent la main et sifflèrent leurs chiens respectifs. Après quoi, M. des Engrumelles s'en alla bien dans la direction qu'il avait dite. Mais il n'en fut pas de même de M. de Capdenac qui, une fois son ami disparu, rebroussa vivement chemin et se glissa de nouveau dans le castel dont il avait laissé la porte entr'ouverte.

En matière de gibier, chacun son goût.

II

Lequel des deux chasseurs suivrons-nous? Ah! mes gaillards, j'ai deviné votre choix, mais vous me permettrez de ne pas m'y soumettre. Nous laisserons, dans sa chambre armoriée où le jour filtre à peine, tamisé par les rideaux et traçant simplement sur le tapis deux bandes étroites de lumière, la comtesse, à fort peu près nue, étendue dans le fauve échevèlement de sa crinière. Ah! vous n'êtes pas dégoûtés. Vous voudriez que je vous raconte l'alanguissement de son regard et le sourire mourant de sa bouche. Ne vous plairait-il pas que je vous décrive, pendant que j'y suis, la ferme rondeur de ses seins parfumés, la noble courbe de ses hanches modelées comme l'antique amphore, l'épanouissement charnu de ses assises naturelles, et *quod intrinsecus latet,* comme dit le Cantique des Cantiques. Ne vous gênez pas? Demandez-moi encore le dessin impeccable de ses cuisses, l'aimable renflement de ses mollets, un peu haut perchés, comme chez les personnes de race, la virgule spirituelle que pose sa cheville au-dessus du pied effilé et blanc comme une main. A d'autres, messeigneurs! je ne fais pas ces excitantes besognes. J'insinuerai tout au plus, et timidement, que la « belle et honneste dame » était bien en point pour faire le bonheur d'un autre que son mari, ce qui est le but sérieux du mariage, lequel n'est pas, comme vous le pourriez croire, un égoïsme à deux, mais une institution bien autrement libérale, une arène où les athlètes étrangers sont admis, un groupe ouvert, pour parler le beau langage parlementaire. Mais j'en ai assez de moraliser. Retournons au champ où M. des Engrumelles réédite, au grand dommage des bêtes de poil et de plume, la Saint-Barthélemy. Un rien! le comte n'y va pas de main morte. Si la chasse est vraiment une image de la guerre, je ne le saurais comparer qu'à Alexandre ou à Napoléon. Et pan! pan! pan! Les lièvres n'ayant pas encore imaginé de brûler Moscou, sa retraite, après la victoire, n'a rien de celle de Russie, et aucune Bérésina ne [lui barre le chemin. Il arrive donc triomphant, et à dix heures, au rond-point des châtaigniers, tout couvert d'animaux immolés.

Le vidame y pénètre lui-même cinq minutes après, mais léger comme un fil de la vierge. M. des Engrumelles lui montre orgueilleusement son trophée :

— Et toi, Agénor, qu'as-tu tué ?
— Absolument rien.

Gros éclat de rire du comte.

— C'est tout naturel, poursuivit Agénor ; en sortant d'un taillis j'ai si rudement cogné le canon de mon fusil contre un chêne, qu'il est absolument faussé. Vois plutôt comme il a le nez en l'air. Impossible de tirer avec une arme pareille.

— Je ne veux pourtant pas que tu rentres bredouille, reprit le bon des Engrumelles ; ma femme se moquerait trop de toi. Tiens, donne-moi ton fusil et prends le mien.

Cette canaille d'Agénor ne se fit pas prier et, comme il était incapable d'être touché par un acte de générosité même héroïque, à peine se fut-on séparé de nouveau, pour une nouvelle battue, qu'il vous reprit galamment le chemin qui mène à des fourrés où l'on rencontre plus souvent les amoureux que les chasseurs. — Quoi, encore ! — Eh, mon Dieu, la comtesse était exquise, Agénor avait à peine trente ans, et les belles heures sont comme les eaux courantes où l'image de nos rêves ne tremble qu'un instant.

III

Quand, à midi, heure du déjeuner, M. des Engrumelles repassa son pont-levis, il ployait encore sous le faix de nouveaux massacres. Cette fois-là, M. de Capdenac était arrivé le premier au rendez-vous, car il attendait son ami, dans la grande salle décorée de bois de cerf symboliques. Agénor, qui avait dépouillé déjà son vêtement cynégétique, avait l'air si parfaitement content de l'emploi de sa seconde reprise que le comte ne douta pas un seul instant qu'il eût pris une éclatante revanche.

— Eh bien, lui dit-il avec sa rondeur impatientante d'imbécile, tu as été plus heureux ?

— Moi? fit Agénor, je n'ai pas seulement touché un pouillard.
— Avec mon fusil?
— Avec ton fusil.
— Eh bien, moi, vois si je suis habile! Avec ton arme faussée, j'ai abattu dix lièvres et toute une compagnie!

Mais Agénor, que le bonheur rendait insolent:
— Sais-tu ce que ça prouve? fit-il au comte triomphant, sur un ton frisant le dédain.
— Que je tire à merveille.
— Tout le contraire. Car il faut terriblement mal viser pour toucher avec une arme qui n'est pas juste. Ça prouve donc que tu n'es qu'un maladroit.

M. de Engrumelles demeura coi devant cette conclusion aussi humiliante qu'inattendue.
— Oui, mon cher, Agénor a raison, vous êtes un maladroit! ajouta gaiement la comtesse qui avait entendu, en entrant, les derniers mots du vidame et avait les meilleures raison du monde pour les trouver en situation.

LA SAINT-SPIRE

LA SAINT-SPIRE

Je ne sais pas comment sont fichus les calendriers d'aujourd'hui, mais, cette date de l'Ascension ayant ramené mon esprit vers des souvenirs d'enfance, j'ai vainement cherché sur le petit carton que m'ont remis, au premier de l'an, les employés de M. Granet, le nom de saint Spire qui en était voisin sur les almanachs d'autrefois. Pourquoi tant d'intérêt à un bienheureux dont la publicité a sensiblement faibli? Qu'avait fait ce saint Spire? Des miracles, tout simplement, comme tous ses pareils, mais je ne sais plus lesquels. Peut-être aujourd'hui eût-il mis l'accord dans le Parlement, ce qui serait le plus méritant qu'on pût rêver. Quoi qu'il en soit, l'église paroissiale possédait un tableau le représentant béni par l'humanité. Car saint Spire, sachez-le enfin, était le patron de la petite ville de Corbeil que j'habitais autrefois. Corbeil, célèbre aujourd'hui par ses moulins, était alors une cité paisible que je n'ai pas revue depuis vingt ans. Je me rappelle surtout les quais entre lesquels courait un joli ruban de Seine, l'allée de tilleuls où s'installaient à cette époque les tentes des saltimbanques et des petits marchands, la boutique de mercerie de M. Loysel et la figure d'un huissier dont on riait beaucoup dans le pays ; — j'ai su depuis que c'était parce que sa femme le trompait outrageusement avec tous ses amis, et on m'a cité de lui un mot de génie qui m'emplit de remords envers sa mémoire. Comme un complaisant lui demandait :

— Mais vous ne savez donc pas que vous êtes cocu ?

— Si fait, répondit le philosophe.

— Et cela ne vous fait rien ?

— Si, cela me fait une société.

Réponse admirable qui aura sa place dans mon grand traité du *Choix d'un amant,* non pas destiné aux femmes, comme le pourraient croire les esprits superficiels. (Elles ont bien besoin de nos conseils, les dames, pour cela !) mais à leurs maris. Paix dans l'éternité à ce cornard sans amertume qui prenait les choses par le bon côté... comme les amants de sa femme, je me plais à le croire pour eux.

**
**

Donc la Saint-Spire, régulièrement située en mai, et aux jours précisément où nous sommes, est un anniversaire auquel ma mémoire est demeurée fidèle. C'était le premier jour de la fête locale, laquelle durait huit jours pleins et était une joie immense pour les gamins de mon âge. Les chevaux de bois de ce temps-là n'étaient pas somptueux et caparaçonnés comme ceux d'aujourd'hui, qui semblent destinés à de jeunes picadors, mais il me semble qu'ils couraient joliment plus vite. Cet animal en cœur de chêne ou de sapin m'a toujours paru un emblème politique. Il tourne dans le bruit et ne fait, en somme, aucun chemin. C'est la monture que se réservent les malins d'aujourd'hui. Mais il n'y avait pas seulement des chevaux de bois à la foire de Corbeil. On y gagnait des macarons avec un petit bateau à vapeur, et on y débitait de petits cochons en pain d'épices fabriqués à Essonnes, qui étaient croquants et savoureux à plaisir. Je crois, au moins, que c'était des cochons que prétendaient représenter ces bêtes comestibles; j'en suis même sûr, puisque chacune avait le nez dans le derrière de l'autre. Ainsi se suivent les ministères dans le beau temps où nous vivons.

Mais le triomphe de cette solennité, c'était la présence du cirque Loyal, qui venait s'installer, tous les ans, le long de la rivière et dont l'olympique souvenir est encore mêlé pour moi à d'inoubliables tendresses. C'est sous ses toiles flottantes que j'ai aimé pour la première fois.

Ne croyez pas que je plaisante. Je me rappelle fort bien l'année, et que je venais de faire ma pre-

14

mière communion dans des sentiments de piété et de sincérité qui faisaient l'admiration de tous mes camarades. Moins heureux que saint Spire, je suis un saint manqué. J'avais pourtant la foi et de belles extases vers l'infini. Ah! pourquoi cette mademoiselle Olive (vous voyez que je me rappelle son nom) passait-elle, avec tant de grâce, dans les cerceaux de papier que déchirait l'impertinente rondeur de ses hanches et dont chacun me semblait mon cœur subitement envahi et crevé! Oui, c'est derrière ce léger et large masque, rond et blanc comme la lune, que se cachait la femme pour me tendre sa première embûche! Tel, dans le paysage fantastique des pantomimes, des tragédies s'agitent sous la face immobile et candide de Pierrot.

**

Je ne veux pas savoir quel âge vous avez aujourd'hui, Olive, ce qui me conduirait à des considérations désagréables pour le mien. Mais permettez-moi de vous dire que vous m'avez joué un bien mauvais tour en m'ouvrant, au flanc gauche, la blessure par laquelle tant d'autres ont passé depuis, qui n'ont fait que l'agrandir et la faire saigner plus profondément. O prestige d'une écuyère ballerine, court vêtue et retombant en mesure sur la croupe épaisse d'un cheval de manège! Il n'en a pas fallu davantage pour exiler, dans l'ombre lointaine des Paradis, toutes les puretés de mon âme lentement amassées dans la prière. Je me sentis tout de suite damné, et je m'abandonnai sans résistance à cette première et victorieuse impression de la femme qui nous vient, par un jour de printemps, des floraisons subites de la puberté. Vous aviez, j'en suis certain, Olive, d'admirables jambes et un peu d'embonpoint. Je ne me suis jamais guéri des cuisses triomphantes et des formes grassouillettes. Vous avez été, pour moi, ma chère, la première incarnation de l'idéal que j'ai sans cesse poursuivi. Que d'honnêteté, d'ailleurs, dans la passion que vous m'inspiriez, et à laquelle je dus mes premières insomnies, par ces nuits tièdes de mai où flotte, avec l'odeur des roses, l'aile anxieuse du désir! J'étais sincèrement malheureux de ne pas avoir l'âge de me marier avec vous. Quand je l'eus à peu près, mon père préféra me fourrer à l'Ecole polytechnique. C'est dommage. Nous aurions peut-être un cirque à nous deux aujourd'hui, avec des acrobates et des paillasses, des hommes-serpents et des pitres comme le monde qui nous donne des lois, et je vous tromperais délicieusement avec une de nos pensionnaires. Nous irions nous installer, comme autrefois, à la Saint-Spire, tout près de la Seine qu'une écluse déchire et éparpille en poussière d'argent. Ce serait bien le diable si vous ne me trompiez aussi avec notre meilleur trapéziste! Ah! Olive, nous serions bien heureux!

Je serais comme l'huissier de Corbeil! J'aurais une société!

O fortunatos nimium si sua bona norint!

POUR UN P

14.

POUR UN P

I

Je ne saurais trop insister auprès des pères de famille qui, désireux de donner à leur progéniture le goût du beau et du congru, lisent le soir mes volumes à leurs enfants réunis, — car je sais de bonne source que, dans beaucoup de provinces déjà, mes ouvrages recommandés au prône, sont la joie tranquille du foyer, le *vade mecum* des honnêtes femmes, remplacent Robinson comme livres de prix dans les lycées, et le *Journal des Demoiselles* sur la table des jeunes filles, ce qui m'est une grande fierté; car je n'ai rien tant aimé au monde que la vertu et la jeunesse, si ce n'est peut-être les gros derrières,—je ne saurais trop insister, dis-je, auprès des propagateurs de ma foi rabelaisienne qui, durant les veillées déjà longues, débitent mes contes à haute voix devant les foules palpitantes, pour qu'ils accompagnent d'un commentaire explicatif le titre de celui-ci, et fassent bien comprendre à leurs auditeurs qu'il s'agit vraiment de la lettre de l'alphabet, non pas de quelque vilénie, comme j'en ai souvent mêlé aux aventures de mes héros. Prononcez bien, mes amis, je vous en conjure! Vous auriez grand tort en laissant croire, ne fût-ce qu'une minute, que je reviens encore de Soissons les poches pleines de boîtes à musique naturelles. C'est affaire à l'intrépide aéronaute Paul Arène. Je n'ai que trop parlé déjà de ces méchants bruits odorants que les gens mal élevés sèment par le monde, faisant un dieu du haricot et de leur ventre un accordéon... Voilà qui est bien risible, parbleu, d'empoisonner les passants en faux bourdon? Mais prenez donc un brevet pour cela, monsieur le sonneur en chambre! Quant à croire que je ferai de la publicité à vos sales mélodies, n'y comptez pas. Pouah! pouah! je deviens un raffiné et je prends en horreur ces sonates parfumées. C'est donc bien entendu, je dis: le P, comme je dirais l'A ou le Q, l'A plutôt que le Q. car vous me jugeriez peut-être encore retombé dans mes sujets favoris. L'histoire que je vais vous narrer est fort sérieuse, presque mélancolique et d'une philosophie profonde. Je conseillerai de ne la permettre qu'aux adolescents mâles, arrivés déjà presque au terme de leurs humanités, et de réserver aux garçonnets de douze ans mes histoires de cœur qui leur apprendront à honorer leurs parents. Ce sera le fait d'une éducation logique, graduelle et bien pondérée.

II

Oui, certes, la matière est grave, presque triste, digne d'analyse surtout. Le fait que je vais vous révéler a, en effet, pour point de départ, l'existence d'une fatalité s'ajoutant au lourd fardeau déjà des fatalités humaines et longtemps méconnues par les observateurs superficiels. L'alphabet — ça a l'air innocent un alpahet, eh bien ! c'est tout simplement un succédané, comme disent les apothicaires, de la boîte de Pandore — est une source insondable de maux mystérieux ; car dans ses vingt-quatre caractères, chacun de nous a une lettre qui lui porte malheur. Ne vous recriez pas ! Voilà vingt ans que je pioche ma découverte et je suis sûr de ce que j'avance aujourd'hui. J'avais été moi-même l'objet de ma première observation. Mes maîtresses ne me trompaient jamais (oh ! non, elles s'en gênaient, les pauvres !) qu'avec des gens dont le nom commençait par un B. Bientôt je ne leur en voulus plus, car je sentais qu'elles subissaient, comme moi, une loi supérieure à leur volonté. Mais je ne leur aurais pas passé, par exemple, un amant ayant un C ou un D pour initiale. Je me contentai de fuir comme la peste les bonshommes qui s'appelaient Benoît, Bertrand, Barnabé, etc... Et maintenant encore, quand passant devant un corbillard surmonté d'un écusson, je vois un B se prélassant parmi les draperies noires, j'ai un accès secret et coupable de joie mauvaise, quelque chose comme une voix qui me dit intérieurement : Enfin, en voilà encore un de moins!

Mais il s'agit bien de mes infortunes personnelles! C'est d'un autre dont je veux vous parler et dont j'invoque l'aventure à l'appui d'une thèse qui vous a paru peut-être fantaisiste au premier abord. Cet autre, je l'ai d'ailleurs beaucoup connu. Il s'appelait Pierre Pouyadou et était Toulousain commr moi. Vous voyez déjà les traces de la fatalité! Pierre! Pouyadou! deux P. Son parrain aurait dû se méfier. C'est déjà un assez grand malheur de venir au monde sans l'aggraver en défiant les sorts contraires et en narguant les colères du Destin. Mais il y a si peu de parrains qui prennent leur mission au sérieux! quelques boîtes de dragées, un cadeau à la commère, un baiser à la dérobée sur le cou à la nourrice, si celle-ci est fraîche. Ça n'est vraiment pas la peine d'aller, pour si peu, réciter du latin auprès d'une cuvette en marbre. Au collège, Pierre Pouyadou fit énormément de pensums, non pas qu'il les avait plus mérités qu'un autre, mais uniquement parce que pensum commence par P et le mot « punition » aussi.

III

Entré dans la paperasserie, après de médiocres études, l'administration l'envoya dans un bureau de commissariat de marine, à Brest, si j'ai bonne mémoire. Il y remplissait les fonctions modestes d'expéditionnaire et était simplement chargé, par ses supérieurs, de dresser les listes de noms qui constituent le double des rôles des matelots en partance. Car il faut bien garder la trace du passage de ces pauvres diables, ne fût-ce que pour annoncer, de temps en temps, à leurs familles, qu'ils sont morts dans des naufrages. Or, en ce pays, beaucoup de gens s'appelaient : Baptiste, ou : Jean-Baptiste, de sorte que ce prénom devait revenir sans cesse sous la plume de Pierre Pouyadou. Le guignon ne devait pas le manquer à cette occasion, le guignon spécial que j'ai défini plus haut. La première fois qu'il eut à écrire : Baptiste, il oublia le P, et écrivit : Batiste. Son chef le fit venir pour lui en faire l'observation. Pierre Pouyadou, qui avait de la dignité et n'aimait pas qu'on le molestât, lui répondit assez sèchement : A Toulouse, nous l'écrivons sans P.

Mais la guerre était ouverte entre l'administration et lui. Quand il eut persisté pendant un mois dans son orthographe et inondé les registres de Batistes, son chef perdit patience et demanda son changement. Heureusement, Pierre Pouyadou avait des relations dans le monde officiel. Ses députés le défendirent et son chef fut contraint de lui donner une gratification. Car c'est ainsi que se font aujourd'hui les carrières. Ce n'était, d'ailleurs, qu'une trêve apparente aux persécutions de la Destinée à son endroit. Un de ces marins dont il avait estropié le nom, fit la bêtise de se noyer dans la mer, et ses enfants faillirent n'en pouvoir hériter par la faute de Pierre Pouyadou. Au moins fallut-il tant de formalités et de rectifications, que la succession demeura deux ans ouverte et fut mangée par les frais. Le fait se produisit à plusieurs reprises et bientôt une véritable clameur d'indignation s'éleva contre le pauvre garcon. Mais il n'en voulait démordre. Vous ne connaissez pas notre honneur méridional ! Lui, céder devant son chef ! Allons donc ! Il serait mort plutôt sur son rond de cuir comme les sénateurs de la vieille Rome. Cependant quelques familles, sur le conseil de sales hommes d'affaires, l'actionnèrent civilement en dommages et intérêts. Deux tribunaux le condamnèrent et deux l'acquittèrent, ce qui fixa définitivement la jurisprudence de la cour de Cassation. Son commissaire de marine fit un nouvel effort pour s'en débarrasser. Mais un des députés de Pierre Pouyadou était devenu ministre et lui fit donner la croix d'officier d'académie, avec un avancement sérieux. Nouvelle perfidie du sort qui ne le flattait que pour le mieux accabler par la suite.

IV

Il se lassa de la lutte. N'allez pas croire qu'il consentît toutefois à rendre à Baptiste son P. Non, il préféra quitter les bureaux. Son chef était devenu apoplectique et gâteux à force de se mettre en colère contre lui. Cette vengeance lui suffisait. Il renonça à l'administration, un peu par dégoût et beaucoup par esprit de justice ; car il sentait qu'il avait tort au fond. Tous les livres lui avaient donné tort, tous les documents compulsés l'avaient condamné. Il fallait un P à Baptiste. Sa religion étant éclairée définitivement sur ce point, sa conscience lui faisait un devoir de ne pas battre plus longtemps en brèche une institution consacrée par l'usage et les traditions de l'état civil. D'ailleurs un projet nouveau lui était venu, celui de faire un bon mariage, j'entends un mariage qui lui apportât une aisance heureuse. Mademoiselle Pauline (ah! le diable de P!) Barigoul (le B n'est qu'un P perverti) était tout à fait son affaire. Agréable sans être jolie, assez pour amuser un mari sans ameuter les galants, parfaitement élevée, elle avait pour père un ancien maître de conférences à l'Ecole normale, fort honoré, et qui lui avait amassé une petite dot parfaitement liquide. Les prétendants sans argent font grand cas des dots liquides, — c'est le côté marin du mariage et ce qui lui donne un pendant dans la vie irrégulière. — Mais bah! qui oserait comparer l'honnête va-nu-pieds épousant une jeune fille riche pour vivre de sa fortune, au malpropre croquant qu'une courtisane nourrit?

Et cependant, à tout prendre, le bien que dissipe le premier est infiniment plus respectable que l'argent honteux dont l'autre se goberge. Mais, vous savez, le monde a ses idées faites là-dessus et je me borne à constater que ce ne sont pas les miennes. Je tiens pour le ruffian contre le coureur de dots Il a au moins la ressource de se repentir, le concubinage n'étant pas, comme l'hyménée, un état sans rémission.

J'en ai connu qui étaient devenus prodigues avec les femmes! Les saints Pauls du m...étier, quoi. Je reviens à Pierre Pouyadou et à mademoiselle Pauline Barigoul. Les choses marchaient à souhait et n'étaient-elles pas assez avancées déjà pour qu'il en fût à envoyer de Paris les cadeaux consacrés. Car les fiancées aussi demandent leurs petits cadeaux... comme les autres. Mais au diable les rapprochements malséants! Pierre s'en était allé quérir de fastueuses lingeries pour sa future dans un des grands magasins à la mode. La lettre d'envoi de ces riens charmants lui permit enfin de donner un soulagement à sa conscience longuement comprimée, et c'est avec une joie farouche, inconsciente, une joie de pécheur absous par la pénitence qu'il lui écrivit :

« Mademoiselle, je suis trop heureux de vous adresser deux mouchoirs de Baptiste... » Un P formidable, le P des immortelles rédemptions! M. Barigoul était un puriste en sa qualité d'universitaire. Sans même consulter mademoiselle Pauline, qui était atterrée devant cette épître, il prit sa bonne plume de pion et manda sur-le-champ à Pierre Pouyadou qu'il eût à renoncer à ses projets. « Je ne donnerai jamais, monsieur, lui dit-il, ma fille à un homme qui écrit Batiste avec un P ! »

— Qu'est-ce que j'avais dit toute ma vie ! s'écria le malheureux Pouyadou.

Et il tomba dans un accablement morne devant l'écroulement de ses espérances. Mais il avait tort d'accuser ses contemporains de son malheur. Le P fatal lui jouait un de ses tours, voilà tout. Heureusement que son ami le ministre, étant devenu sous-chef du cabinet (le besoin s'en fait sentir), le fit nommer professeur d'orthographe dans l'école laïque de de son arrondissement.

VÉRONIQUE

VÉRONIQUE

I

Une admirable fille, Véronique, et bien digne d'être Bourguignonne, comme elle l'était précisément. Ce n'était pas néanmoins une beauté régulière, mais quel ensemble appétissant de charmes épanouis jusqu'à l'insolence ! L'œil en caressait les rondeurs accumulées avec une impression de bien-être ; tout disait en elle la vie triomphante et la santé. Ses cheveux n'étaient pas très fins, mais d'un noir superbe et plein de frisons éclatants ; ses yeux étaient petits, mais d'un velours sombre très attirant ; sa bouche était un peu grande, mais rouge comme une cerise avec de jolies petites dents; son nez se recommandait plutôt par sa physionomie que par le dessin, un nez un peu canaille, mais spirituel et très vibrant. Son teint manquait absolument de la candeur liliale que j'admire surtout; mais il avait des fraîcheurs de verger en avril, quand la fleur rose des pêchers s'ouvre le long des murs encore humides, quelque chose d'infiniment frais et souriant d'espérance. On devinait sous sa robe, qui n'était pas d'ailleurs toujours bien fermée, des épaules flexibles et une poitrine ferme, ce qui est un très réel mérite et exclusif aux femmes de vingt ans, des hanches solides et emboîtant bien un ventre un peu développé et bien équilibré par derrière. Peu d'idéal en somme, mais beaucoup de réalité confortable dans cette créature de belle humeur; la maîtresse qu'on peut souhaiter pendant une demi-heure. Véronique était-elle vertueuse? Mon Dieu, c'est selon comme on l'entend. Il ne faut pas être exigeant avec une fille de condition élevée à la campagne et qui, dès l'enfance, a vu les amours des bêtes dans les prairies et les chemins, a supporté les assauts des gars le dimanche et écouté les propos des enjoleux sous les saulayes, au bord de la rivière où tremblent des rayons de lune. Elle n'était d'une pureté parfaite ni de corps ni d'esprit, ni innocente ni pucelle; mais rien ne ressemblait toutefois à une catin moins qu'elle. Elle n'avait ni tempérament ni ambition, l'excellente personne, et les galants n'étaient pas ce qui lui tenait au cœur. Son seul péché mignon et qu'excusait assurément son origine était un goût marqué pour le bon vin. Ah! c'était vraiment plaisir de la regarder boire et la volupté qu'elle y prenait lui donnait un instant des grâces de bacchante. Ne croyez pas, au moins, qu'elle se grisât. D'abord, l'occasion lui en manquait absolument dans la maison parcimonieuse de ses maîtres. Mais quand elle pouvait se verser un bon verre, elle n'y manquait pas et faisait ensuite claquer sa jolie langue rose comme une castagnette. Et ses yeux brillaient ensuite comme s'il y fût monté des étincelles de pierre à fusil.

II

Il y avait deux ans déjà qu'elle servait chez M. et madame Passedoit, à Vaucerfeuille, non loin de Paris, dans une maison de campagne où ces bourgeois pacifiques passaient l'hiver comme l'été. Et cela n'est pas bête. Car les paysages ne sont pas moins beaux sous la neige et la pluie diamantée des givres que sous le ruissellement des soleils. Ce n'était pas, d'ailleurs, comme admirateurs de la nature, mais comme petits rentiers prudents qu'ils avaient pris ce rustique parti. M. Passedoit avait fait, dans le commerce, une petite fortune qu'il tenait à ne pas manger, et madame Passedoit possédait pour les plaisirs du monde un mépris intelligent chez quelqu'un qui ne les a jamais goûtés. La vie était simple, mais néanmoins très supportable dans leur médiocre castel. On jardinait, on nettoyait, on lisait les romans-feuilletons. A six heures religieusement, monsieur allait faire son domino à quatre, avec les trois plus notables conseillers municipaux de l'endroit, les sieurs Pètegas, Lanusse et Mouillaubin, et ce lui était une distraction charmante avec ces gens de bonne compagnie. Pètegas n'aimait pas à perdre ; Lanusse était affreusement rageur ; Mouillaubin faisait des fautes énormes. Mais on s'amusait tout de même beaucoup. Durant cette orgie, madame faisait sauter elle-même un lapin. Car les lapins de Vaucerfeuille sont célèbres entre tous, et leur chair rose, au parfum de choux, est le mets le plus estimé du pays. Moi, j'ai la faiblesse de préférer le faisan. Était-ce bien tout ce que faisait M. Passedoit? Non! mes enfants. Vous auriez tort de croire à la pureté des mœurs de cet ancien orthopédiste. M. Passedoit trompait quelquefois sa femme. Il allait à Paris pour cela, prétextant quelque ancienne affaire à régler avec son successeur, et il y fréquentait des personnes mal famées. Peccadille, n'est-ce pas? Certainement. Mais son esprit n'était pas tout entier à ces plaisirs rapides et sans grand danger pour la paix de son ménage. M. Passedoit nourrissait le dessein de faire de Véronique sa bonne amie. Une concubine sous le toit conjugal! C'est plus grave. Et sa femme était d'une jalousie!... Heureusement que vous connaissez, grâce à moi, le naturel de Véronique. Elle était insensible aux petits cadeaux que son maître lui faisait espérer, et elle le trouvait très laid, ce qui était une raison suffisante pour ne pas coucher avec lui. Aussi le pauvre homme perdait-il sa peine, non pas que la servante prît de grands airs outragés avec lui, quand il oubliait le sentiment des convenances, mais parce qu'elle le rebutait avec de bonnes bourrades, dont il avait fini par avoir peur.

III

Véronique tenait beaucoup à la maison. On y avait grande confiance en elle et on lui confiait quelquefois les clefs de la cave, ce qui lui permettait de se livrer à son exercice favori. Elle le faisait d'ailleurs avec une discrétion parfaite, butinant de-ci de-là, tantôt dans une rangée de bouteilles, tantôt dans une autre, avec beaucoup d'adresse et de dextérité. Sans avoir précisément de grands vins chez lui, M. Passedoit possédait toujours quelques provisions vinicoles et se croyait un amateur sérieux. Il avait autrefois habité Bordeaux et, à Bordeaux, vous savez si on s'y connaît! On vous dit, en regardant couler une goutte de vin, comment était exposée la vigne, et on a l'air de se croire en se débitant de ces balivernes-là! Par l'intermédiaire de son partenaire Pètegas, qui avait encore des relations en Gironde, notre homme venait de recevoir une demi-pièce d'un liquide tout à fait précieux et authentique, et qui fut immédiatement installée à la place d'honneur, sous le soupirail le mieux aéré. Comme on faisait grand bruit dans la maison de cette acquisition fastueuse, Véronique eut une curiosité bien naturelle. Elle fit un trou, installa un foret dans le tonneau et soutira, pour y goûter, un peu de ce nectar destiné à vieillir encore — car M. Passedoit avait décidé qu'on resterait deux ans encore sans y toucher. — L'expérience flatta beaucoup le palais de la Bourguignonne, qui réitéra le lendemain et les jours suivants, ne mettant plus un pied dans la cave sans faire une saignée à la fameuse barrique. Et tout n'en allait que mieux, sapristi ! Ce vin généreux lui donnait plus de cœur à l'ouvrage et plus de gaieté au cœur. Elle supportait avec une résignation héroïque les remarques stupides de madame Passedoit et les boutades de son maître qui continuait à lui en vouloir beaucoup de sa résistance. Car il était de plus en plus amoureux, l'animal, et la pauvre fille était obligée à mille stratégies pour ne jamais se trouver avec lui dans les petits coins.

Un jour, le conseiller Lanusse ne put venir au café et la partie manqua. De très mauvaise humeur M. Passedoit rentra chez lui et décida de faire une tournée d'inspection à sa cave en attendant le dîner, pour tuer, comme on dit, le temps. Il le fit comme il l'avait dit et fut satisfait de tout ce qu'il vit, jusqu'au moment où il se trouva devant sa fameuse demi-pièce qui n'avait plus que six mois à attendre sa mise en bouteille, en admettant toutefois que le vent fût favorable à cette occupation, quand la date serait échue. Car vous savez, pas de vent du Nord, pas de bonne mise en bouteilles ! J'ai connu des amateurs qui faisaient leur vent eux-mêmes pour cette délicate circonstance. Si les Grecs avaient eu cette idée, le siège de Troie serait arrivé plus tôt, Comme font toujours en pareil cas les propriétaires, M. Passedoit donna un petit coup de maillet sur le tonneau pour s'assurer qu'il était plein. Il fit immédiatement une grimace. Le maillet sonna le vide et, en continuant méthodiquement cette ausculation, notre homme put constater que plus de la moitié de son précieux vin n'était plus à sa place. Alors, la barrique avait donc fui ! M. Passedoit se coucha tout de son long à terre et promena sa chandelle sous les flancs du tonneau, en maugréant et en sacrant comme un païen. Mais il ne constata aucune fuite dans le bois, aucune humidité dans le sable qui justifiât sa première hypothèse. Il remonta complètement abasourdi et conta la chose à sa femme devant que Véronique eût apporté le potage sur la table. Sa femme partagea son étonnement et sa colère et tous les deux trouvèrent le potage très mauvais.

IV

Jamais lapin de Vaucerfeuille ne fut mangé plus mélancoliquement. C'était à pleurer comme si les oignons eussent encore été crus. Dans son émoi, M. Passedoit avait oublié de remonter du vin et envoya Véronique en chercher, tant il était loin de soupçonner celle-ci ! Puis, toujours obsédé, incapable de manger, n'en pouvant plus, il se leva brusquement et dit à sa femme :

— Il faut absolument qu'il y ait un trou par où le vin s'échappe ! Je vais le chercher.

Et, en même temps, il rallumait sa chandelle et reprenait le chemin de la cave, durant que madame

Passedoit essayait de grignoter, en poussant de gros soupirs.

Véronique ne se doutait de rien ; elle n'entendit pas les pas de son maître dans l'escalier de la cave, et se fit surprendre par lui juste au moment où elle repoussait le foret dans le tonneau compromis, après avoir rempli un verre de beau vin pourpré. M. Passedoit faillit tomber à la renverse. Mais sa légitime fureur fit immédiatement place à un sentiment plus doux et cependant plus impérieux encore. N'était-il pas amoureux de Véronique ? N'était-elle pas en son pouvoir comme elle n'y serait peut-être jamais une seconde fois ?

— Ah ! je t'y prends, malheureuse ! fit-il d'une voix contenue et tremblante d'émotion.

La pauvre Véronique, rouge comme une pivoine, balbutia quelques mots incertains.

— Tu sais ce que ça va te coûter, coquine ! fit-il en avançant sur elle avec les lèvres tendues pour la baiser au visage et les mains en avant pour envelopper sa taille.

Véronique comprit et eut un instant de révolte :
— Oh ! monsieur ne voudrait pas abuser...
— Non ! Tu vas voir comme je vais me gêner.

Et il la tenait vigoureusement dans ses bras, en la poussant vers un escabeau posé le long de la muraille. Elle suppliait tout bas, mais il ne l'écoutait pas et se contentait de repondre ;

— Ça, ou je dis tout à madame !

Je vous ai prévenu que Véronique n'était pas une vertu. C'était, de plus, une personne philosophe qui savait qu'un mauvais moment est bien vite passé.

Ces considérations me dispensent d'insister sur les détails d'une lutte dont vous devinez l'issue. Vous en voudriez bien les détails, mes compères, mais vous n'en aurez pas ! Sachez seulement que le combat fut honorable des deux côtés, puisqu'il dura assez longtemps pour que madame Passedoit s'impatientât d'attendre et criât du haut de l'escalier à son mari :

— Ah çà, as-tu fini par le trouver?

— Oui ? répondit vaguement celui-ci.

— Bouche-le solidement, au moins !

— Sois tranquille!

Et M. Passedoit remonta en soufflant comme un homme qui a trouvé l'escalier plus raide qu'à l'ordinaire. Véronique le suivait, les yeux baissés et une bouteille à la main.

— Nous allons y goûter ! fit gaiement le bon homme.

Et on en offrit un petit verre à Véronique aussi, qui se crut obligée de dire, avec un feint étonnement :

— Ah ! que c'est bon !

Ce qui lui valut, de la part de M. Passedoit, un regard de reconnaissance.

OBSESSION

OBSESSION

Un magnifique dimanche, au temps où je croyais encore au dimanche, parce que, frais sorti de l'Ecole, ce jour gardait encore pour moi un parfum, pour ainsi dire, de paresse et de liberté! J'en étais aussi, dans ce temps-là, à ma première maîtresse. Ah! ma chère âme, qu'êtes-vous devenue? Peut-être un infâme laideron, et pourtant vous étiez charmante alors avec vos cheveux en broussaille, vos yeux félins tout étoilés d'or et votre bouche gourmande. Je ne vous ai pas tant oubliée que vous le pouviez croire. Je me rappelle fort bien vos petites mains qui griffaient, vos lèvres roses qui mentaient et votre cœur qui était le plus faux du monde. Vous aviez bien vraiment tout ce qu'il faut pour être aimée! Par exemple, vous n'étiez pas vénale. Vous étiez toujours prête à me tromper pour un simple bouquet. Aussi quelle fichue carrière vous avez dû faire! Je frémis rien que d'y penser.

Zélie — ainsi se nommait-elle — et moi, nous nous étions promis d'aller passer ce dimanche-là dans le bois de Meudon, et cela, dans un but spécial, celui de nous aimer sous le regard caressant de la nature. Ne vous récriez pas! Il n'y a que les imbéciles à qui suffit le divan d'un cabinet, qui méprisent pour leurs tendresses le magnifique décor du ciel renversé et des feuilles verdoyantes en dessous. C'est un rêve fort honnête, après tout, que celui de se mêler au grand concert des choses éperdues, sous la tiédeur embaumée du printemps. Nous nous faisions, depuis huit jours, une fête de cette fuite dans les bois, vers les solitudes obscures qu'emplit l'odeur vivante des mousses et que traverse seule une poussière de soleil tamisée par le voile ondulant des frondaisons. Notre imagination faisait vivre par avance, sous nos yeux, le petit coin que nous choisirions, au plus profond des taillis, dans l'herbe la plus verdoyante, le plus lointain des bruyantes avenues. Elle n'avait pas mis sa robe neuve, de peur de l'abîmer. Jamais projet n'avait été mûri avec autant de plaisir et autant d'obstination. Nous avions je ne sais quel triomphe dans l'âme en montant dans notre train de banlieue.

* *

Beaucoup de monde partait en même temps que nous, mais nous ne nous en préoccupions guère. Nous saurions bien nous isoler à temps de cette foule insupportable et chargée de victuailles froides. Ça, par exemple, ne me parlez jamais de dîner en plein vent. J'ai, dans la mémoire, une aventure que ce pauvre Villemot me conta autrefois et que j'aime à narrer aux personnes ayant le faible de festoyer sur le gazon. Toute une famille soupait ainsi et une magnifique soupe au lait était débitée aux convives. Quand on voulut servir un petit garçon qui, cependant, criait la faim, celui-ci se refusa obstinément d'en recevoir sa part. — C'est bien, monsieur, vous n'aurez rien du tout! lui dit sa mère. Mais le gamin persista dans sa résolution. Tout le monde en profita pour reprendre du potage. La dernière cuillerée amena un crapaud noyé. — Voilà pourquoi, je n'en voulais pas manger, dit le gamin triomphant, je l'avais vu sauter dans la soupière. — Comment, malheureux! tu ne pouvais pas le dire plus tôt. — Tiens! je ne voulais dégoûter personne! Je ferme ici la parenthèse ouverte sur cette histoire, qui est un pur hors-d'œuvre et je reprends ma promenade, avec Zélie au bras, Zélie, qui avait déjà des brassées de lilas entre les mains. Car je lui rends cette justice qu'elle aimait les fleurs, même quand elle n'était pas forcée de me tromper pour en avoir. Nous avions atteint cette belle lisière de verdure, solennelle comme le seuil d'un temple, et d'où l'on domine la Seine, la Scine et Paris lointain, avec ses dômes et ses tours estompés par la distance. Je ne sais rien de plus beau, en vérité, que ce spectacle. Mais nous n'étions ni l'un ni l'autre aux platoniques contemplations du paysage. Une ruche de désirs me bourdonnait dans le cerveau et m'aiguillonnait aux flancs. Ma compagne respirait en soupirant doucement et son souffle sentait le baiser. Nous avions bien vite plongé dans les verdures profondes. Nous nous étions assis dans un fouillis d'arbustes ne laissant à leurs pieds qu'une place juste suffisante, mais délicieusement molle d'herbe et de mousse. Des pas et un petit cliquetis de branches qu'on écarte. Les indiscrets ne faisaient que passer et ne nous voyaient certainement pas, puisque nous ne pouvions les voir nous-même. Mais une voix de femme dit très haut, en s'adressant à un enfant :

— Albert, tu vas salir ton pantalon !

*
* *

Qui dira comment l'esprit se désenchante quelquefois ? Il eût été certainement prudent de demeurer là et d'attendre que ces importuns se fussent éloignés. Mais non, la désillusion nous chassa de ce joli coin de verdure et, sans nous communiquer notre impression, silencieusement, nous nous mîmes à en chercher un autre. Les petites branches nous cinglaient au visage. Zélie en riait et moi j'étais comme un cheval qui sent grandir son ardeur sous la cravache. Nous traversâmes une allée relativement large. Nous entrions dans un autre îlot d'arbres et il nous semblait que ce fût la terre promise, tant l'ombre drue y répandait de mystère et de fraîcheur. Adam ne fut pas plus ravi en découvrant dans les splendeurs du Paradis terrestre, une main sur la côte où Dieu venait de lui creuser un cœur pour aimer et pour souffrir. Car c'est ainsi qu'il faut entendre la symbolique création de la femme sortant de notre chair et y laissant un abîme, une plaie à jamais saignante. Une seconde fois, nous nous enfonçâmes au plus épais des fourrés. C'était tout autour de nous comme un berceau d'aubépine et les fauvettes nous chantaient un épithalame :

Aucun lieu n'est si beau dans toute la nature!

me répétai-je avec André Chénier. Zélie, elle, ne se répétait rien, mais elle me regardait avec des yeux consentant à mon désir, ces yeux exquis de femme qui veut bien, et l'alanguissement de sa personne lui mettait comme une auréole de poésie. Elle me paraissait plus belle que je ne l'avais jamais vue. Quel charme toujours nouveau donne à la femme l'approche du bonheur! C'est comme un peu du ciel qui descend entre elle et nous, et l'enveloppe et la déifie! — Ah! que je t'aime! fis-je en me mettant à genoux devant elle et en lui baisant les deux mains.

— Albert, tu vas salir ton pantalon! fit encore, à peu de distance de nous, la même voix de femme, et on entendait un vague frôlement de vêtements dans les feuilles. Les misérables, par un pur hasard certainement, nous rejoignaient une seconde fois.

Ce fut d'ailleurs la dernière. Notre rêve s'était

envolé. Tel un papillon qu'un souffle enlève et qui fuit au caprice de ses ailes. Zélie avait presque envie de pleurer. Moi, j'étais plein d'une rage inexprimable. Et, le soir, rentrés à Paris, dans notre lit d'amoureux qui nous semblait toujours trop large, nous avions des sursauts inopportuns, cette maudite voix nous criant encore à l'oreille :

— Albert, tu vas salir ton pantalon !

LE PANTALON D'HÉLOISE

LE PANTALON D'HÉLOÏSE

I

Il était de batiste si fine que les mouchoirs les plus délicats en eussent été jaloux. Moi ce n'est pas sa finesse, mais l'aimable endroit qu'il fréquentait qui m'eût inspiré pour lui ce sentiment mesquin. Un nuage aérien comme ceux du matin, un frisson comme ceux de la mousseline, un brouillard comme ceux du printemps. Il descendait à peine jusqu'au dessus de la jarretière et s'y ébouriffait en flocons de dentelle comme le cou d'un perroquet qu'on taquine. La comtesse — car Héloïse était une comtesse authentique — y avait fait broder, comme au reste de sa lingerie, son chiffre très apparent et surmonté de la couronne à laquelle elle avait droit. C'est le meilleur monde que celui où je vous mène à la suite de cet *indispensable*, comme disent les Anglais, lequel tenait compagnie à un séant d'une indiscutable noblesse. On sait que celle-ci, comme la lune, a ses quartiers. J'eusse fait plus grand cas des quartiers de la lune d'Héloïse que de ses quartiers de noblesse. Car ils étaient dodus, les premiers, et groupés en deux hémisphères égaux d'une blancheur éblouissante et veloutée.

Maintenant que j'ai fait le portrait de mon héroïne, — j'ajouterai cependant qu'elle était blonde et d'une souriante physionomie — deux mots de son mari, le comte de Lestoupières, un excellent gentilhomme, très amoureux de sa femme. Honoré de Lestoupières, porteur d'un beau nom, mais doté d'une médiocre fortune, avait dû entrer dans l'administration et y occupait un poste fort honorable dans notre fonctionnariat africain, à Alger. C'était un garçon correct, un peu méfiant même, mais loyal et sympathique au demeurant. Tous deux faisaient un excellent ménage et étaient invités dans la meilleure société. Ainsi oubliaient-ils la patrie absente dans une vie de divertissements honorables et congrus. Les officiers regardaient beaucoup Héloïse et Honoré leur faisait de mauvais yeux comme ceux des chats dont on menace la pâtée. Mais tout cela était fort innocent, au fond. Héloïse était certainement coquette, mais rien de plus.

II

C'était à un bal chez le général gouverneur, le plus beau bal de l'année, ma foi, et qui se donnait le dernier, presque à la venue du printemps. Je ne mentirai pas en disant qu'Héloïse en était une des reines. Elle portait une délicieuse toilette rose et, pour tout bijou, un croissant dans les cheveux. On eût dit Diane sortant d'un bain d'aurore dans les premières rougeurs du jour naissant. Sa jeunesse et sa santé rayonnaient comme dans une apothéose. Son succès était énorme, au point d'inquiéter Honoré qui, cependant, le trouvait tout à fait naturel et légitime. Elle dansait avec infiniment de grâce, et c'était un grand empressement autour d'elle pour l'inviter. Un des plus ardents à cet exercice était certainement M. Malivoire, un simple roturier mais très considéré parce qu'il était fort riche. Ce Malivoire, qui était un assez joli homme de trente-cinq ans, était la coqueluche des dames algériennes. On lui prêtait toutes les bonnes fortunes du monde, et quand on l'en félicitait, il avait une façon de les désavouer qui ne permettait pas de douter de ses triomphes. Jamais modestie n'avait été plus compromettante que la sienne. Aussi les maris le voyaient-ils d'un très mauvais œil, parce que si beaucoup se résignent à être trompés, fort peu consentent à ce qu'on s'en amuse publiquement. C'est peut-être qu'ils ne trouvent pas leur cas risible.

Donc ce quidam était un des plus assidus auprès de la belle madame de Lestoupières et le comte trouvait que celle-ci accueillait avec une bienveillance excessive les hommages de ce godelureau sur le retour.

Les valses de Johann Strauss se révélaient alors à la France et à ses colonies. Les premières mesures du *Danube bleu* jetaient comme un point d'interrogation harmonieux dans l'espace. Car la surprise est le grand charme de cette musique tzigane qui fait rêver les mélancoliques et prendre des airs délicieusement ahuris aux auditeurs de sang-froid. M. Malivoire passa sa main gantée autour de la taille ronde et cambrée d'Héloïse. Puis le tourbillon les emporta et ils ne firent plus qu'un dans le tournoiement général dont les remous de fleurs, de diamants et de chevelures palpitaient sous la lumière des lustres tandis qu'un parfum aux tiédeurs féminines montait de toutes les épaules blanches, nues et lassées.

III

Vous ai-je dit qu'Héloïse avait le joli pantalon dont je vous ai tout d'abord parlé ? C'était une femme pudique qui, pour rien, n'eût été dans le monde sans cet intime et transparent vêtement. C'était le *vade mecum* de sa vie de plaisirs, une façon de confident dont elle ne se séparait pas plus qu'un roi de tragédie. Mais on nous montre, au théâtre, des confidents qui trahissent leurs maîtres. Ainsi devait-il être de ce délicat morceau de batiste qui, durant la valse, se détacha de la ceinture à laquelle il était retenu et se mit à glisser le long des cuisses de la comtesse de façon à la gêner sérieusement dans ses chorégraphiques évolutions. Heureusement que le *Danube bleu* ne dure pas indéfiniment et, comme tous les fleuves bien élevés, s'arrête à la mer. Quand les derniers coups d'archet eurent vibré, désespérément stridents comme des soupirs d'agonie, Héloïse quitta vivement son cavalier et se réfugia dans un petit salon destiné aux dames qui avaient à remettre quelque épingle à leur coiffure. Elle eut la singulière chance de s'y trouver toute seule et, résolument, elle fit tomber jusque sur ses pieds le malencontreux pantalon qui s'y abattit déchiré en maint endroit. Impossible de le rattacher! Madame de Lestoupières prit un parti héroïque. Elle le roula en un petit paquet qui, grâce à la finesse du tissu, tenait fort peu de place. Mais où cacher ce bizarre objet? Le laisser là? Impossible! Une idée de génie vint à la comtesse. Il n'y avait pas fort loin du petit salon à l'antichambre qui servait de vestiaire. En femme ordonnée, elle avait remarqué avec soin où son mari avait accroché son paletot et, sans être vue de personne, furtive, rapide, glissa dans la poche de ce vêtement son haut-de-chausses réduit à sa plus simple expression. Après quoi, elle s'en fut tourner en cadence, très allégée par cette délicate opération — j'entends allégée de conscience, le reste goûtant d'ailleurs, avec plaisir, l'air frais de la liberté.

Il n'est pas inutile à l'intelligence de cette histoire de prévenir immédiatement le lecteur que, dans le brouhaha produit par l'arrivée des derniers invités, tous les paletots accrochés au vestiaire n'étaient pas restés précisément en place. Les domestiques sont toujours très habiles à mettre le désordre dans ces choses-là.

IV

Le petit jour allait venir ; la clarté des lustres pâlissait ; les derniers accords de l'orchestre mouraient dans une façon de crépuscule ; un grand alanguissement était venu de toutes les gaîtés surchauffées par le mouvement et par la musique. Tout le monde partait et le général gouverneur oscillait de la tête, en haut de l'escalier, comme ces lapins de plâtre qu'on donne aux enfants dans les petites villes. M. le comte de Lestoupières eut la fantaisie d'inviter quelques amis à venir terminer la nuit sur une charmante terrasse dont sa maison était surmontée, en fumant un dernier cigare et en buvant un suprême verre de champagne. En faisant cela, il avait son but que tout le monde eût pu deviner en le voyant convier à ce petit raout M. Malivoire avec qui il était médiocrement lié. Celui-ci accepta avec un empressement qui fut aussi maladroit que suspect. Le comte se réservait d'observer de plus près le manège de Malivoire et de sa femme, pendant cet intime souper. Il eut, à vrai dire, une grande joie en entendant Héloïse déclarer qu'elle quitterait les invités de son mari de très bonne heure et aussitôt les coupes servies, parce qu'elle était lasse. — Elle ne tient donc pas tant que cela à la société de cet animal, pensa Honoré un peu rassuré. Et de fait, madame la comtesse se retira dans son appartement en disant à M. Malivoire un adieu qui n'avait rien de particulièrement tendre. Cette attitude rendit à son mari sa sérénité.

Le spectacle du jour levant était tout simplement admirable. De grandes bandes de cuivre pâle barraient l'horizon, paraissant reposer sur une immense topaze. La mer semblait un long couteau d'acier auquel allait se déchirer le ciel. La ville, encore endormie au pied de la terrasse, n'était qu'un moutonnement confus de blancheurs incertaines, quelque chose comme un troupeau couché. Les gloires de l'aube traversaient le ciel sur les ailes blanches des alcyons...

— Atchi! Atchi! Atchi!

Qui trouble cette splendeur silencieuse par des éternuements incongrus? C'est cet excellent Malivoire que vous aimez tous maintenant comme un frère et à qui la fraîcheur du matin apportait une façon de bouquet, un magnifique coryza.

— Dieu vous bénisse! monsieur, fit le comte qui était enchanté de cet accident.

— Atchi! Atchi! Atchi!

M. Malivoire, qui avait remis son pardessus, fouilla rapidement dans sa poche, y prit ce qu'il pensa être son mouchoir et le porta vivement à son nez et à sa bouche pour contenir les impatiences humides de son rhume de cerveau. Mais la batiste se déplia démesurément dans sa main : la silhouette de deux jambes flottantes et bordées de dentelle traversa l'air. C'était le pantalon d'Héloïse ! Dans le désordre du vestiaire, c'était le paletot de M. Malivoire qui avait pris la place de celui du comte et à qui la comtesse avait confié son secret ! Malivoire, éperdu, et ne comprenant rien à l'aventure replia vivement de son mieux cette lingerie et l'enfouit de nouveau dans sa poche, mais pas avant que tout le monde n'eût aperçu la méprise et que le comte n'ait cru reconnaître, au chiffre et à la couronne, la culotte de madame de Lestoupières. Sans dire un mot Honoré quitta ses hôtes et descendit rapidement jusqu'à l'appartement de sa femme, pour éclaircir ses soupçons.

V

Il ne pouvait vraiment arriver plus à propos. La comtesse en était juste à ce point de sa toilette de nuit où il lui eût fallu retirer son nuage de batiste si elle l'avait encore eu. Ce fut donc juste pour en constater l'absence que le comte entra comme la foudre. Il n'y avait plus de doute ! C'était bien le haut-de-chausses de sa femme qu'il avait vu là-haut !

— Qu'avez-vous, mon ami ? lui demanda Héloïse épouvantée de sa mine, en baissant pudiquement sa chemise le long de ses belles cuisses, comme pour remplacer la culotte évanouie.

— Ce que j'ai, malheureuse! Où est votre pantalon?

Héloïse balbutia quelques mots confus, comme cherchant à se rappeler...

— Savez-vous qui est en train de se moucher dedans? reprit le comte au comble de sa fureur.

Et, comme elle allait s'expliquer enfin, retrouvant ses souvenirs...

— C'est votre amant! c'est M. Malivoire!

La vérité tout entière sauta aux yeux d'Héloïse. Un éclat de rire énorme la prit et, tombant sur le canapé, elle y roula sa jolie croupe en piétinant le tapis et en poussant des petits cris de poule qui pond. Enfin ces mots sortirent, à peu près distincts, de sa bouche :

— Je me suis trompée!

— Ce n'est pas vous, mais moi que vous avez trompé, madame! murmura le comte abasourdi par cette inconvenante hilarité.

Alors, elle lui sauta au cou, avec tant de franchise dans la tendresse et d'impétuosité dans la gaité, riant toujours à en pleurer, mais avec des baisers parmi ses larmes, qu'il comprit bien qu'elle était honnête et sincère, et que quelque méprise avait fait tout le mal. On ne ment pas avec cette joie débordante et communicative :

— Vas-tu me conter au moins comment...

Elle l'interrompit, en lui mettant un doigt sur la bouche. Sa chemise, dans le désordre de sa gaieté, lui était remontée jusque sous les bras. Elle rougit de se voir ainsi, et d'une voix très douce :

— Vilain jaloux, dit-elle, qu'as-tu à faire, en ce moment, de mon pantalon ?

CLAIR DE LUNE

CLAIR DE LUNE

I

Lorsque l'aimable comte Philippe de Rudomimi prit congé de la belle marquise de Christiane de Puycerval, il se jura à lui-même qu'il ne l'épouserait jamais. La fin de l'entrevue n'en fut pas moins tendre pour cela. Philippe baisa la main de Christiane avec la tendresse désespérée d'un homme résolu à ne la revoir de sa vie. Ne l'aimait-il donc plus? Au contraire, il en était fou. Mais trop de terreur se mêlait au grand désir qu'il avait d'elle. Cette capricieuse nature de femme, l'inquiétante mobilité de cet esprit futile aux plus graves choses l'épouvantaient. Était-elle bonne ou méchante, ou encore indifférente à tout, si ce n'est à sa toilette? Elle le faisait souvent souffrir par des riens dont elle ne mesurait ni ne comprenait peut-être la cruauté. Son premier mari avait trop peu vécu pour qu'on sût s'il avait été heureux. Veuve à vingt-deux ans, Christiane était, à la fois, une tentante personne et un parti superbe· Philippe l'aimait à en souffrir, et qui sait? A en mourir. Mais il se demandait avec angoisse s'il trouverait, dans cet être étrange, fantaisiste et mystérieux, le fond sérieux sur lequel se doit appuyer toute affection qui se doit éternelle. Il se sentait avec elle comme auprès d'un abîme fleuri dont il redoutait la profondeur Tout ce charme n'était peut-être qu'un néant dans lequel s'engloutissait son rêve, et, ce qui est plus encore, son cœur. Les deux heures qu'il venait de passer dans la compagnie de la marquise et durant lesquelles celle-ci avait été tour à tour affectueuse et indifférente, répondant à ses paroles d'amour par des billevesées ou l'attirant à des aveux passionnés dont elle riait ensuite avaient confirmé sa virile résolution de rompre tout projet d'hymen avec elle. Je ne bâtirai jamais sur ce sable! s'était-il dit. Et il était parti avec beaucoup de désespoir dans l'âme. C'est que Christiane était vraiment une des plus séduisantes créatures qu'on pût imaginer. De taille moyenne, elle avait la cambrure vaillante et l'allure aristocratique d'une statuette de la Renaissance. Sa magnifique chevelure noire, lourde comme le casque d'une Minerve, enveloppait d'une ombre mouvante son front petit et d'une liliale blancheur. Le double arc de ses sourcils, d'une admirable pureté de dessin, donn , une certaine expression de fixité troublante à es yeux d'une couleur indéfinissable, où des tons de violette sombre et d'améthyste se fondaient dans la transparence d'une poussière d'or. Son nez, très noble et sculptural, était très vivant par la palpitation continuelle de deux narines vibrantes comme les ailes d'un papillon rose. Elle avait dans le cou des fiertés de cygne et des blancheurs ambrées dont le frisson était une volupté. De petites mains fines et éburnéennes; des pieds de grande dame ayant de petits pieds. Mais, au fait, voulez-vous la connaître toute entière? Nous sommes seuls, n'est-ce pas? Eh bien! tout ce qui se voyait d'elle n'était que le seuil des beautés dont sa personne abondait une fois dévêtue. Une poitrine de vierge robuste et dont la candeur veloutée était traversée de petites veines bleues où éclatait la finesse esquise de sa peau. Connaissez vous rien de plus charmant que ces petits fleuves d'azur courant sur une mer lactée? Ce beau corps s'effilait à peine à la ceinture pour se développer dans un épanouissement invraisemblable des hanches, et les reins se retroussaient vers une croupe d'une splendeur puissante et majestueuse, que deux cuisses épaisses et superbes soutenaient comme les colonnes d'un temple de marbre. Est-ce que ce petit morceau d'anatomie vous déplaît? Moi, j'ai pris grand plaisir à l'écrire, parce que parler de la beauté de la femme semble la plus honnête occupation d'un homme de bien. Le comte Philippe ne connaissait rien des admirables choses que je vous ai révélées. Mais sans doute les pressentait-il, comme il arrive aux amants bien épris. Car, encore une fois, il rentrait chez lui, très fier de son héroïsme mais avec une grande envie de pleurer.

II

Il était parti depuis un instant. Christiane sonna. Sa camériste Lucile vint avec une mauvaise humeur incomplètement dissimulée. Lucile, une agréable blonde, ma foi, pour ceux qui aiment les servantes, — et je n'en suis pas, attendait précisément son amoureux, un cocher du voisinage qui s'annonçait, de loin, dans la rue, par un joli petit air de sifflet, et qui s'appelait Baptiste. Or Baptiste n'avait pas encore fait le merle, mais l'heure approchait où il le ferait certainement. Lucile était donc furieuse d'être dérangée. La marquise, qui ne comptait plus recevoir personne, au moins avant le dîner, se déshabilla et se déchaussa nonchalamment ; puis revêtit, sur sa chemise, un simple peignoir, très élégant d'ailleurs, tandis que Lucile lui passait aux pieds de jolies petites mules bleues. Elle plongea ensuite ses belles mains effilées dans son chignon, le soulevant très au-dessus de sa tête où il s'amoncela comme une montagne d'ombre. Christiane était ainsi plus belle cent fois parce qu'elle se révélait davantage dans ce costume plus simple. Sous l'étoffe flexible et détendue, sa gorge accusait deux rondeurs triomphantes et la courbe un peu accusée de son ventre se dessinait avec de tentantes harmonies. Un grand parfum de volupté semblait flotter autour d'elle. Montait-il de l'air charmé par sa présence ou du grand bouquet de lilas blanc que le comte avait posé sur un guéridon ! Gozlan a écrit quelques vers exquis sur la façon dont le parfum des femmes se marie à celui des fleurs. Que pensait Christiane ? Comme toujours, il eût été difficile de le dire. Elle se souriait dans la glace et puis prenait ensuite un air très grave, on ne sait pourquoi. A coup sûr elle ne se doutait pas de la résolution que Philippe venait de prendre. En eût-elle été affectée ? Qui sait encore ? Il est certain qu'il ne lui déplaisait pas, mais elle n'était pas sûre de l'aimer. Comme mari, il lui convenait, certainement, autant qu'un autre et peut-être davantage. La vérité est qu'elle était reconnaissante dans le fond, de l'affection si passionnée et de la tendresse si violente que lui prodiguait M. de Rudomimi. Lucile qu'elle n'avait pas congédiée et que l'impatience rongeait, lui demanda la permission de se retirer. Christiane l'invita à mettre quelques bûches au feu qui languissait. Après quoi, elle prit un livre, un roman qui traînait sur la table et se mit à le lire avec un entrain inattendu, comme si rien au monde ne l'intéressait davantage que les aventures qui y étaient racontées. — Suis-je libre maintenant, madame ? demanda Lucile avec un tremblement dans la voix. — Attendez encore un instant, reprit Christiane. J'ai froid et vous allez m'aider à me chauffer. Ce disant, elle se retourna contre la cheminée, faisant soulever par Lucile, habituée à ce manège, son peignoir et sa chemise jusqu'au-dessus de ses reins, de façon que la douce chaleur du foyer lui montât aux jambes. Beaucoup de femmes aiment à se chauffer ainsi et c'est ce que les gens irréligieux appellent : faire chapelle. La marquise ajoutait à ce plaisir le raffinement d'abandonner à d'autres bras que les siens le poids des vêtements devenus pareils à un rideau de théâtre pendant la représentation. Ah ! si le feu avait une âme, il ne dût pas s'ennuyer à ce spectacle, étant à la première loge ? Dans cette nouvelle posture, la marquise reprit sa lecture et s'y plongea plus profondément encore. Bon ! Voilà Baptiste qui fait le merle ! Lucile n'y tient plus. Madame est si absorbée qu'elle ne s'apercevra de rien ! Lucile prend quelques épingles à son corsage, fixe, aux épaules de la marquise, les pans du peignoir et de la chemise, de façon que ceux-ci demeurent soulevés comme si elle les tenait encore, et, abandonnant tout au destin, se sauve furtivement, en frôlant un canapé, pour aller rejoindre son amoureux. Il paraît que le roman était bigrement intéressant, car, en effet, Christiane ne s'aperçut de rien et continua de lire, le derrière au feu.

III

Une tempête sous un crâne. Après avoir commencé une vingtaine de lettres de rupture, le comte Philippe s'aperçut qu'il n'écrivait que des sottises. Il repoussa avec dégoût l'écritoire, la plume et le papier et, cachant sa tête dans ses deux mains, se prit à réfléchir tristement sur sa destinée. Il aimait inexorablement Christiane et il craignait qu'elle le rendît absolument malheureux. C'était une faiblesse. Qui aime vraiment a pris son parti de toute douleur. Quand un être est devenu votre vie, mieux vaut encore souffrir par lui que de ne pas vivre du tout. Le souci du moi, l'instinct de la conservation lui-même ne sont pas permis en amour. C'est ce qui fait la grandeur d'un sentiment qui nous arrache à nous-mêmes. Comme le phalène aveugle se rue à la lumière et, mourant, bat encore la flamme de ses ailes déchiquetées et brûlées, celui qui aime est inexorable à sa propre torture, impitoyable à ses propres tourments. Mais le comte était, avant tout, un homme du monde, qui n'avait jamais plongé profondément dans l'horreur de ces psychologies. Il croyait sincèrement qu'on guérit d'un amour véritable et qu'il suffit de beaucoup de volonté pour cela. Il en était vis-à-vis de lui-même à la morale de Tiberge, qui est celle des imbéciles. Ce n'est jamais moi qui tenterai de raisonner le Des Grieux que je sens en moi ! Mais le comte se faisait des illusions.

Il voyagerait! Il oublierait! Ah! comme la lâcheté humaine se retrouve bien dans nos prétendus héroïsmes! Il romprait certainement, mais non pas par une simple lettre. Ce serait une outrecuidance impardonnable chez un homme de son éducation et qui s'était, à parler franc, autant avancé. Après tout, ce qu'il avait à dire pouvait se dire tout haut et bien en face! Il ne reniait pas un amour toujours vivant au fond de son cœur ; il n'avait pas à s'accuser du moindre parjure. Il renonçait à un projet qui lui avait été longtemps cher, parce qu'il ne se sentait pas de taille à soutenir le rôle. Tout le chagrin et toute l'humiliation en étaient pour lui. Voilà ce qu'il fallait que Christiane apprît de sa propre bouche. Et, tout en méditant ce discours, le pauvre comte ne se doutait pas qu'il cherchait tout simplement une occasion rapide de revoir celle dont l'image demeurait obstinément dans son esprit et dans ses yeux. Que nous sommes aisément nos propres dupes! La revoir un instant! La revoir encore! Tout était là, sans qu'il s'en aperçut seulement. Il ne se ferait pas annoncer et arriverait comme la foudre chez elle, ce qui est bien permis pour une dernière explication. M. le comte s'habilla donc à la hâte et sauta dans une voiture, en se répétant encore les belles paroles qu'il devrait prononcer pour dire à Christiane un éternel adieu!

IV

Celle-ci était toujours devant la cheminée, dans la pose que vous savez, celle où l'avait laissée Lucile, et plongée dans sa lecture. Je ne serais pas étonné que la tiédeur du foyer, lui montant autour des flancs et du cou, l'eût momentanément assoupie, tant était grande son immobilité. Le comte entra, comme il avait projeté, impérieusement et timidement tout ensemble, mais sans tambour ni trompette. Arrachée à sa rêverie, Christiane fit un pas en avant. Ne voyant plus sa camériste auprès d'elle, elle ne douta pas que celle-ci eût remis ordre à sa toilette postérieure avant de s'en aller et laissé retomber ses jupes. Elle s'avança donc très ingénument dans la pièce avec un petit cri de surprise qui n'avait rien d'ailleurs de furieux : « Quoi, c'est vous, cher comte ! » Le comte ne répondit pas. Dans une psyché placée parallèlement à la cheminée, il apercevait par reflexion le spectacle admirable que Christiane étalait derrière elle, ce magnifique développement de chair rose et blanche dont j'ai dit plus haut l'abondance et l'éclat. Telle en était la splendeur grassouillette que mille petites fossettes s'y creusaient en constellations, pareilles aussi à un vol d'hirondelles sur l'harmonieuse uniformité d'un ciel argenté par l'aube. Étonnée de ce silence et de la direction que suivaient les yeux du comte, la marquise se retourna pour porter ses regards dans le même sens. Ce fut bien autre chose. La réalité succéda à la vision, cent fois plus belle encore. Quand elle se retourna une seconde fois vers lui, Christiane vit Philippe agenouillé, comme en extase, les mains jointes : « Et je me demandais sur quel fondement je bâtirais mon bonheur ! s'écriat-il. Pardon ! pardon ! Christiane !... » Et il se traînait à ses pieds, un flot de baisers aux lèvres. La marquise n'y comprenait absolument rien. Un violent mouvement du comte détacha les épingles plantées par Lucile, et tout rentra dans l'ordre. M. de Rudomimi épousera dans huit jours madame de Puycerval, et il sera parfaitement heureux. Souvent, hélas ! on cherche bien loin les assises de sa félicité à venir, quand on les a sous la main.

LA VITRE ENCHANTÉE

LA VITRE ENCHANTÉE

I

Comme nous descendions, mon ami Jacques et moi, la jolie côte de Suresnes, le soleil couchant inondait d'or tout le paysage, qui était comme baigné dans une poussière de clarté, et accrochait ses derniers rayons aux arêtes vives des maisons dont les faces étaient déjà noyées d'ombre. Tout à coup, comme nous obliquions notre chemin, ce fut comme un incendie qui éclatait devant nous, un scintillement de pourpre éclatante ayant les envolées furieuses de la flamme que le vent secoue. C'était tout simplement les carreaux d'une fenêtre où s'irradiait la lumière en son déclin, effet qu'ont observé souvent les promeneurs mélancoliques de la fin du jour. On dirait un embrasement subit des croisées qu'éclairerait un feu intérieur et exaspéré. Nous marchions toujours et bientôt s'amortit pour nous la violence de cette impression. L'incendie semblait s'éteindre, mais la vitre parcourait les plus étranges colorations et des choses semblaient s'agiter derrière elle. Quand nous pûmes distinguer davantage, nous vîmes que plusieurs villages étaient derrière elle et qui semblaient osciller et se confondre dans les fluctuations qu'y faisaient passer les reflets du ciel. On eût dit de ces images, des spectres qu'un souffle emporte en mêlant leurs insensibles contours.

— Quelle curieuse sensation ! fis-je à Jacques.

— Très curieuse, en effet, me répondit mon ami, et qui me rappelle une vieille histoire de Touraine que j'ai bien envie de te conter, tandis que nous n'avons pas de dames avec nous.

— Elle est donc bien ?...

— Oh ! un peu seulement. Dans tous les cas, elle est de belle humeur, ce qui lui doit assurer l'indulgence. Car ce n'est pas que les narrateurs d'à présent soient plus pudiques que ceux d'autrefois, mais ils prennent un air bien navré pour nous conter des cochonneries, afin que dame Justice se dise : « Oh ! le pauvre homme ! Il semble déjà si malheureux d'être obligé de révéler ces vilenies que ce serait scrupule de le tourmenter encore pour cela ! »

— Et, au fond, les bons diables rient comme des bossus, mais en dedans de leur bosse. Moi j'aime mieux ceux qui rient tout haut et tiennent les paillardes histoires pour un très vertueux passe-temps.

Et, après cette profession de foi d'une incontestable franchise, Jacques continua comme il suit :

II

C'était donc pas fort loin de Chinon et fort près du temps où notre maître Rabelais donnait, du fond de son verger, de si belles leçons au monde. Car en voilà un qui ne se mettait pas à faire semblant de pleurer quand il avait envie de rire !

Ah! que n'est-il là pour vous faire mon récit à ma place ! Son âme benoîte m'inspire, si toutefois Dieu lui permet de se distraire encore quelquefois au profit des terrestres intéressés ; car j'imagine que la société de ce curé doit être si agréable au créateur de toutes choses qu'il n veut pas d'autre et ne souffre pas que Rabelais le quitte un seul moment de l'éternité. Vous devez penser, en effet, que la compagnie n'est pas toujours amusante au ciel, attendu que beaucoup de saints sont très ennuyeux.

Mais je reviens à l'aventure laissée en suspens comme le dernier fruit que le vent d'automne balance aux branches d'un poirier. Nous l'allons cueillir et je regrette qu'il n'ait pas le même pouvoir aimable que celui que nos parents prirent à l'arbre du Bien et du Mal.

Donc, où j'ai dit et au temps que j'ai dit, vivait très honorablement, dans sa boutique de drapier, un nommé maître Guillaume qui n'avait rien de bien remarquable, sinon une femme d'une admirable beauté. A cela près, il aulnait ses étoffes tout comme un autre du même commerce, et avait la renommée d'un bourgeois paisible et un peu voleur, comme tous les marchands. Car la nature de la denrée n'y fait rien et tous, sans distinction, sont contents et bénissent Dieu quand ils nous ont fourré de la drogue pour du bon argent. Guillaume était comme ses pareils. Mais non pas Isabeau, sa femme, qui n'avait pas de pareille dans le pays, tant la grâce de son visage et l'agrément de ses formes dépassaient le commun des beautés tourangelles. Brune ! parbleu ! oui mon cher Mendès, brune ! De belles lèvres rouges et de beaux yeux bien menteurs. Elle portait toujours une petite croix d'argent sur la poitrine. Ah ! le joli calvaire qu'il fallait gravir pour arriver à cette croix-là ! Ce double Golgotha était vraiment le chemin du Paradis. Hum ! avec une telle épouse, Guillaume était vraisemblablement cocu. Vous ne souffririez pas qu'il en fût autrement ! Certes, il l'était, et bon cocu de France où les cocus sont, comme les vins, renommés par le monde entier. Ah ! pourvu que le phylloxera ne leur vienne pas aussi et ne gâte pas ces magnifiques vignes où se font, entre des échalas ayant l'aspect de cornes de bœuf, de si belles vendanges de plaisir !

III

Celui qui faisait alors le vigneron dans les terres conjugales de maître Guillaume était le clerc Anselme, très célèbre comme viticulteur de maris trompés. Il n'avait pas son égal pour les exposer en plein soleil, à l'abri du vent et à la risée de leurs contemporains. Car ce diable de clerc ne se contentait pas de les déshonorer à bouche que veux-tu (et je ne parle pas seulement de la bouche), mais son plus grand plaisir était d'amuser le monde a leurs dépens. Il ne lui suffisait pas que le vin qu'il tirait de ses cultures cornifères fût savoureux et reconfortant à lui-même. Non! il fallait encore qu'il fît grand bruit et mousse abondante en sortant de la bouteille, comme ce joli nectar de Saumur qui est presque rose et monte au cerveau dans un petit pétillement de gaieté. Je ne l'approuve pas du tout, cet Anselme, et ne voudrais lui ressembler pour rien au monde. S'il vous plaît un jour, Madame, que nous cueillons une grappe ensemble au cep que monsieur votre mari appelle son honneur, je m'engage à ne pas faire tambouriner mon bonheur par la ville, et je consentirai qu'il soit inconnu même de celui qui m'en a donné sa part. Oui, je veux que cet homme estimable ignore toujours son bienfait! Mais les godelureaux de ce temps-là n'avaient pas de ces sublimes délicatesses. Il n'était âme qui vive, aux environs de Chinon, qui ne sût à merveille qu'Anselme vendangeait chez Guillaume, et ce, parce que cette bourrique d'Anselme prenait plaisir à le conter à tous les passants, à l'oreille, bien entendu. Car les indiscrets de cette sorte prennent toujours un petit air mystérieux pour rendre plus attentif à leurs détestables confidences! Quand je dis âme qui vive ou personne, je mens. Guillaume seul ne se doutait de rien. Il avait, au plus haut point, la sérénité professionnelle. Il aurait décroché deux ou trois étoiles du ciel, rien qu'en remuant la tête, qu'il n'eût pas encore rien compris. Il n'est guère d'autre état qui égale celui de cet état très précieux de cornard émérite et pontifical.

IV

Or, ne voilà-t-il pas qu'un jour Anselme dit à quelques mauvais gars, ses amis, après quelque bonne saoûlerie de vin nouveau du Saumurois: « Parbleu! c'est fort bien que, depuis fort longtemps déjà, je trompe cet imbécile de Guillaume, sans qu'il s'en soit aperçu. Mais je le veux faire une fois, devant lui et sur son ordre, sans qu'il ne le sache davantage! » Tous se prirent à rire comme des mouches autour d'une goutte de lait. « Nous t'en défions bien, Anselme », firent-ils, et ils s'esclaffèrent de plus belle. « Pas moins que je parie y parvenir et que je suis prêt à vous bailler la boucle d'or de ma ceinture si je ne le fais, reprit l'impertinent. » Le jeu fut accepté et il fut entendu qu'on se rendrait ensemble vers le logis de Guillaume, les amis d'Anselme devant se dissimuler au coin de la rue, pour le laisser opérer suivant la ruse qu'il avait conçue.

Quand ils parvinrent auprès de la maison, le soleil se couchait précisément et sa lumière oblique allumait un de ces feux étranges et changeants, comme nous en voyions un tout à l'heure, à la vitre qui éclairait l'atelier de Guillaume, j'entends, la place où il se tenait en attendant les chalands. Cette vitre, très grossière et bossuée, épaisse et d'un travail défectueux — car l'art de la verrerie n'était pas, en ce temps-là, ce qu'il est aujourd'hui — prenait, sous un jour faux, et dans le rayonnement horizontal de l'astre rasant l'horizon, toute espèce de teintes flottantes, derrière laquelle les images perdaient leur netteté.

— J'ai mon affaire! dit triompalement Anselme. Et ses complices se blottirent comme il était convenu. Lui entra résolument chez Guillaume qui était devant son comptoir à épiler un morceau de drap, tandis que sa femme se confectionnait une cornette, assise à l'autre extrémité de la chambre.

— Maître Guillaume, lui dit-il, êtes-vous fou? Et vous, madame, avez-vous perdu toute pruderie?

Comme le mari et la femme le regardaient étonnés.

— Est-ce vraiment le moment, reprit-il, de vous embrasser et de vous livrer à mille privautés conjugales derrière votre croisée, quand les passants vous peuvent voir comme je viens de vous voir moi-même!

— Ah ! parbleu ! vous me la baillez bonne, répondit Guillaume revenu de sa stupéfaction, Je n'ai pas quitté mon comptoir de plus d'une heure !

— Ni moi ma chaise..... ajouta Isabeau. Mais un regard d'Anselme lui fit comprendre qu'elle eût à ne se pas mêler de l'entretien.

— Je vous jure que je viens de vous voir comme je vous le dis, reprit avec conviction Anselme. Vous teniez madame dans vos bras de la plus inconvenante façon. D'autres passaient qui ont vu comme moi et qui s'en sont allés pour le crier par la ville. Moi, votre ami, j'ai voulu vous prévenir.

— C'est incompréhensible, fit Guillaume. Après ça, ce carreau est si mauvais ! on voit si mal à travers ce maudit vitrage.

— C'est cela certainement, fit Anselme ! Je vous répète que de ce coin de la rue et à cette heure-ci, là où j'étais, on vous voyait distinctement, madame et vous, embrassés et vous livrant à des épanchements légitimes, sans doute, mais qui ne sont pas pour donner de mauvaises pensées aux célibataires en promenade !

— Il faudrait que je le voie pour le croire ! s'écria Guillaume tout à fait intrigué.

— Vous avez un moyen bien simple de le voir, conclut Anselme avec infiniment de bonhomie. Où étiez-vous ? Là. Bon ! je vais m'y mettre. Où était madame ? Ici ! Bien ! elle y restera. Vous, vous allez vous rendre dehors vous poser précisément où j'étais ; vous regarderez bien à travers la fenêtre et vous me direz en revenant, si vous n'avez pas eu la même illusion.

Isabeau, qui commençait à comprendre, fut obligée de se pincer les lèvres pour ne pas rire.

— J'en aurai le cœur net, dit Guillaume, et il fit de tous points ce que lui avait conseillé Anselme.

. . . .

Quand il revint, Anselme était de nouveau au comptoir. Isabeau avait repris sa cornette.

— Vous avez raison, Anselme, fit Guillaume avec autorité, on le dirait tout à fait et je vous remercie. Isabeau, quittez, je vous prie, cette coiffure et ourlez-moi, sans plus tarder, des rideaux.

FIN

TABLE

Ascension.	3
Secret de famille	15
La Marion.	25
Mot de la fin.	41
Le mariage de Blanc-Minot	51
Le père Gaspard	61
Le stigmate.	71
Titus.	83
Laripète pastour	95
La servante.	105
Le pari.	119
Vers luisants	129
La géante.	139
En wagon.	151
Le vélocipède.	161
La noce.	173
La vinaigrette	183
L'air des cimes.	195
Le nourrisson.	207
Histoire inconvenante.	217
Agénor.	229
La Saint-Spire	239
Pour un P.	247
Véronique.	259
Obsession	271
Le pantalon d'Héloïse	279
Clair de lune	291
La vitre enchantée.	303

EMILE COLIN. — IMPRIMERIE DE LAGNY.

www.ingramcontent.com/pod-product-compliance
Lightning Source LLC
Chambersburg PA
CBHW071251160426
43196CB00009B/1249